纪念中国哲学家、哲学史家
萧萐父诞辰100周年

萧萐父与早期启蒙说

探寻中国式现代化的源头活水

郭齐勇 著

人民日报出版社

·北京·

图书在版编目（CIP）数据

萧萐父与早期启蒙说：探寻中国式现代化的源头活水 / 郭齐勇著. -- 北京：人民日报出版社，2023.7
ISBN 978-7-5115-7862-4

Ⅰ.①萧… Ⅱ.①郭… Ⅲ.①萧萐父—生平事迹②哲学史—研究—中国—明清时代 Ⅳ.①K825.1②B248③B249

中国国家版本馆CIP数据核字(2023)第105228号

书　　名：	萧萐父与早期启蒙说：探寻中国式现代化的源头活水
	XIAOJIEFU YU ZAOQI QIMENGSHUO : TANXUN ZHONGGUOSHI XIANDAIHUA DE YUANTOU HUOSHUI
作　　者：	郭齐勇
出 版 人：	刘华新
策 划 人：	欧阳辉
责任编辑：	寇　诏　刘　悦
封面设计：	三鼎甲
出版发行：	人民日报出版社
社　　址：	北京金台西路2号
邮政编码：	100733
发行热线：	（010）65369509　65369527　65369846　65369528
邮购热线：	（010）65369530　65363527
编辑热线：	（010）65363251　65363105
网　　址：	www.peopledailypress.com
经　　销：	新华书店
印　　刷：	北京盛通印刷股份有限公司
法律顾问：	北京科宇律师事务所 010-83622312
开　　本：	880mm×1230mm　1/32
字　　数：	139千字
印　　张：	7.5
版次印次：	2023年8月第1版　2023年8月第1次印刷
书　　号：	ISBN 978-7-5115-7862-4
定　　价：	68.00元

萧萐父

萧萐父书法作品

（萐书筠读）

（嵌崎楚客）

（一簃万岁千秋）

△ 萧萐父篆刻作品

△ 萧萐父在北京大学　　△ 萧萐父、卢文筠夫妇与子女

△ 萧萐父与夫人卢文筠两相依

△ 萐诗筠画

△ 萧萐父与夫人卢文筠晚年合影

△ 庞朴（中）、萧萐父（右）与郭齐勇（左）
于1987年重阳节在香山饭店出席梁漱溟九五初度会议时合影

△ 苏渊雷、萧萐父、冯契、王元化合影（从左至右）

△ 萧萐父（右一）与方克立（左一）会见谢和耐（右二）、汪德迈（左二）合影

△ 萧萐父与李锦全主编《中国哲学史》会余萧公吟诗

△ 萧萐父与章开沅合影

△ 萧萐父与汤一介合影

△ 萧萐父与陈俊民合影

△ 萧萐父与饶宗颐合影

△ 萧萐父与郭齐勇

△ 萧萐父

序

业师萧萐父教授是我国著名的哲学家和哲学史家。他学养深厚,堂庑甚广,风骨嶙峋,洁身自好,具有传统文人的气质。他是德高望重的人师,是"善教者"。此生得到良师的接引,是我最幸福的事。虽然萧萐父教授离开我们已经十多年了,但我仍然十分想念他,有时在梦中相见,而更多的时候,是感觉他在天上看着我,关注着我的一言一行,一举一动。一日为师,终身为父,信如斯言。此生没有任何人比萧教授对我的影响更大了。

近年来我写过几篇怀念恩师的小文,又应一些期刊的邀请写过几篇介绍萧萐父教授及其学术思想的文章,现统编于兹,以飨读者。为老师立传,既是学生多年以来的心愿,也是学生不可推卸的责任。

承蒙人民日报出版社厚爱,鼓励我并积极促成拙作出版,这是令人十分高兴的事。谨此,衷心诚挚地感谢人民日报出版社各位同人。

今夏武汉酷热，连我这个老武汉都有点受不了。好在现在有空调，可以躲在空调房内修订书稿。

希望本书有助于读者理解前辈学人萧萐父教授的为人为学之道，以及他有关明清之际早期启蒙思潮的研究。2024年元月，是萧教授诞生百年纪念，同门同人拟有小型学术性的纪念活动，拙书出版，奉上芹草，聊表寸心。

师妹萧萌为本书提供了老师家里的若干老照片和老师篆刻作品，为本书增色，谨深致谢忱！

内蒙古大学张志强副教授研究萧萐父教授多年，曾以萧萐父其人其学为博士论文的内容。他自愿协助我，整理我的旧作，形成这部书稿。谨此深谢张志强博士，并预祝他的博士论文早日出版。

是为序。

郭齐勇

2022年8月25日初稿

2023年4月2日修订

目 录

序   I

第一章 史慧欲承章氏学　诗魂难扫瑟人愁
　　——萧萐父评传   **001**
　一、萧萐父其人   001
　二、萧萐父的尊讳   004
　三、萧萐父的坎坷经历   007
　四、一位全面的现代知识分子   028
　五、学术的多面相与人才培养   034

第二章 漫汗通观儒释道　从容涵化印中西
　　——萧萐父与中国哲学史   **052**
　一、萧萐父的思考与贡献   052
　二、中西互动：中国经典诠释方法学的展开   071

三、21 世纪中国哲学研究的多重取径与前景　　079
　　四、回顾与瞻望　　090

第三章　活水源头何处寻　密察新芽继启蒙
　　——萧萐父与明清启蒙思潮　　**093**
　　一、解读中国哲学与文化中的"启蒙反思"意蕴　　093
　　二、超越启蒙时代的"人的重新发现"　　101
　　三、既走出中世纪，又走出现代性　　107

第四章　芳情不悔说船山　笔隐惊雷俟解人
　　——萧萐父与船山学　　**110**
　　一、船山学研究的三个阶段　　111
　　二、船山学研究的成就与特色　　115
　　三、引领船山学研究　　122

第五章　蜀学渊渊积健雄　几代灵根育大家
　　——萧萐父与近现代蜀学　　**124**
　　一、近代蜀学与中西文化相资互补　　124
　　二、继承近代蜀学精神　　134
　　三、重识中华文明　　142
　　四、感恩蜀中学者，努力光大蜀学　　155

第六章 丹心代代燃心炬　留予吹沙继启人

　　——萧萐父治学与育人　　**159**

　一、追怀萧萐父二三事　　159

　二、恩师指引我走上学问之路　　172

　三、睹物思人　手泽犹温——感念恩师教诲　　189

第七章 坐我光风霁月中　风骨嶙峋人格美

　　——恩师萧萐父精神永在　　**206**

附录：萧萐父论著　　**211**

第一章 史慧欲承章氏学 诗魂难扫瑟人愁
——萧萐父评传

一、萧萐父其人

萧萐父（1924—2008），祖籍四川井研，出生于成都，哲学家和哲学史家，中国哲学史学科的重要建设者之一。1947年毕业于武汉大学哲学系，1949年5月加入中国共产党，1951至1955年任华西大学（后为四川医学院）①马列主义教研室主任，1956年到中央党校高级理论班深造，1957年到北京大学哲学系进修，同年秋调入武汉大学

---

① 华西大学始于1910年由美国、英国、加拿大的5个教会组织创办的华西协合大学（又称华西联合大学），校址位于四川省成都市府南河畔的华西坝。1951年10月5日，人民政府接管私立华西协合大学，更名为华西大学；1953年院系调整后更名为四川医学院；1985年更名为华西医科大学；2000年与四川大学合并组建新的四川大学，并成立四川大学华西医学中心。

哲学系，此后一直在该系任教，曾任中国哲学史教研室主任、教授、博士生导师。他是国际知名学者，是国家重点学科——武汉大学中国哲学学科的创建者与学术带头人，教育部人文社会科学重点研究基地——武汉大学中国传统文化研究中心学术委员会首任主任。

曾兼任中国哲学史学会副会长、中华孔子学会副会长、国际儒联顾问、国际道联学术委员、中国《周易》学会顾问、国际中国哲学会国际学术顾问团成员、中国文化书院导师。长期从事中国哲学和文化的教学与研究工作，是著名的船山学和明清早期启蒙学专家，曾多次参加或主持国内外举行的学术会议，在国内外发表学术论文百余篇。

主要著作有《吹沙集》《吹沙二集》《吹沙三集》《吹沙纪程》《船山哲学引论》《中国哲学史史料源流举要》，以及《明清启蒙学术流变》（与许苏民合著）、《王夫之评传》（与许苏民合著）、《哲学史方法论研究》等；主编了《中国辩证法史稿》（第一卷）、《王夫之辩证法思想指引》、《玄圃论学集》、《众妙之门》、《传统价值：鲲化鹏飞》等；与李锦全教授共同主编的《中国哲学史》（上下卷）产生了广泛的影响，曾获原国家教委优秀教材一等奖。

萧萐父曾多次到欧洲各国、美国、新加坡等地出席国际会议，应邀赴美国哈佛大学、德国特里尔大学等校访问、讲学。

萧萐父于1982年被评聘为教授，1986年被遴选为博士生导师。先后荣获武汉大学"优秀工作者""优秀共产党员""教书育人优秀教师"等荣誉称号，于1999年离休。

萧萐父学风严谨、被褐玉身、浩然正气；教书育人，重在身教，杜绝曲学阿世之风。1958年至20世纪80年代初，萧先生与唐明邦先生、李德永先生合作为本科生讲授"中国哲学史"课程。自1978年招收硕士生，1987年招收博士生以来，他先后开设了"哲学史方法论""中国哲学史料学""中国辩证法史""明清哲学""佛教哲学""道家哲学""马克思的古史研究""马克思晚年的人类学笔记"等课程或系列专题讲座，为中国哲学史界培养了一批优秀的研究与教学人才。在长期的教书育人过程中，他提炼出二十字方针——德业双修，学思并重，史论结合，中西对比，古今贯通。这二十字方针是萧先生对做人与治学之道的深刻总结，已经成为珞珈中国哲学学派的精神纲领，先生以他的人格魅力深受珞珈学子的爱戴。

萧先生的精神遗产，表现在其人格风范、社会影响、精神感召、学术思想、教书事业、培育人才等各个方面。传统儒生一般在社会政事、教育师道、经史博古、文章子集之学上都有全面的建树与发展，萧先生则是在当代社会具有类似全面性的知识人！

二、萧萐父的尊讳

萧老师的尊讳，早年用过竹字头的"簧"，书刊上署名用过"簧父""簧夫""簧甫"；中晚年用草字头的"萐"，署名用"萐父"或"萐"。无论是竹字头还是草字头，"疌"字部分，他的写法是一竖中间断开，中间一横右边不伸出来（现电脑中已无此字形）。我现保存先生的手札、字条与条幅，有20世纪80年代中后期至21世纪初不同年份先生的若干题签与签名，字形均为草头，"疌"字部分一竖中间断开，中间一横右边不伸出来。而且他写"萐"字的草字头，往往是分开为两半的，是两短横两短竖（两短竖均向内斜），而不是一长横两短竖。晚年用一长横两短竖的情况也有，但较少。这是"萐"字的写法。

萧萐父先生名讳的读音，主要是"萐"字的读音颇有争议。自20世纪80年代初追随先生以来，直到师母、老师仙逝，我常听老师自称及师母叫老师，都是jié fǔ。1988年秒随先生一道赴香港地区，1995年夏随先生一道去波士顿，以及为先生办出境通行证、护照与签证等手续，姓名要用拼音与标准电码，我的一个笔记本上还记着老师与师母的相关资料。老师用的汉字是捷父，拼音为jié fǔ，标准电码为2212 3637。我现还保留着1995年8月2日至17日老师与我由北京经洛杉矶到波士顿，出席在波士顿大学举行的第九届国际中国哲学大会的往返机票的存根，老师的姓名栏写的是XIAO/JIE FU。

一直以来，有不少学人批评我们萧门弟子误读老师的名讳，《武汉大学报》（校报）还刊发过小文章。后来，有一度我也把老师的名讳读为shà fǔ。萧老师晚年的一次会议上，我当着老师的面，向同学们介绍他老人家，读老师的尊讳为shà fǔ，他当场就显出不太高兴的样子。几日后，我到老师府上拜访，他郑重地对我说，他的名字的正确读音应为jié fǔ，并且说《康熙字典》明明注了几种音义，让我回家再查一下。自此之后，我不再动摇，坚持老师名讳的读音为jié fǔ。

查《汉语大字典》与《故训汇纂》，释"萐"字均引《说文·艸部》："萐，萐莆，瑞草也。尧时生于庖厨，扇暑而凉。从艸，疌声。"注音依《广韵》为shà，引《论衡·是应》："儒者言萐脯生于庖厨者，言厨中自生肉脯，薄如萐形，摇鼓生风，寒凉食物，使之不臭。"又引《白虎通义·封禅》："萐莆者，树名也。其叶大如门扇，不摇自扇，于饮食清凉助供养也。"

查《康熙字典》，注音除引《广韵》"山洽切"之外，另依《集韵》注："疾叶切，音捷。义同。又脯名。"引扬雄《方言》："扇，自关而东谓之箑，自关而西谓之扇。"按老师自己的解释，他肯定"萐"读"捷"，倾向把"萐"释为"扇"。而"甫""父"则应为男子的美称。《颜氏家训》："甫者，男子之美称，古书多假借为'父'字。"管仲号仲父，范增号亚夫，皆为此义。

总之，我认为应尊重老师本人与师母对老师名讳的读音，如同陈寅恪的"恪"，不读kè，而读què一样。

三、萧萐父的坎坷经历

萧萐父于1924年1月24日生于四川省成都市的一个知识分子家庭。一生经历新旧两个社会、多个特殊的历史时期。

萧萐父家学渊源深厚，他的父亲萧参（字仲仑，又写为"中仑"）先生是近代蜀学的代表人物之一。仲仑先生出生于四川井研县，与廖季平先生同乡，曾私淑于季平先生。仲仑先生乃蜀中狷洁独行之士，老同盟会会员，辛亥之后学优不仕，教书为生，有道家风骨，又精于医道。萧萐父的母亲杨励昭女士善诗词、工书画。他们家与蒙文通、唐迪风先生等川中硕学鸿儒，过从甚密。

萧萐父幼年、青年时代，正值近代蜀学空前发达的时代。萧萐父从小耳濡目染，大都是左、孟、庄、骚之类。萧家曾挂着廖平（又名廖季平）左书的横幅，上面的好多字他幼时尚不认识，而这位被父辈敬重的廖经师的不少奇闻逸事和非常异议可怪之论，却在他的童心中引起一阵阵好奇。他自幼涵泳诗词，从父亲友朋论学谈艺之中，感受到中华文化的博大精深。

萧萐父时时关注民族命运，在童年时便接触到清末革命宣传品的小册子，其中有《明夷待访录》《黄书》《扬州十日记》等，以及邹容、章太炎的论著。书的内容他当时还看不懂，但书的封面上写着"共和纪元二千×百×十年"或"黄帝纪元四千×百×十年"，他从中感受到中国士人敢为天下先、勇猛精进的精神，也引起他的好奇。好奇心，成为他日后求知的起点。他幼时常去的舅父家在一条窄巷，叫君平街湛冥里。长辈郑重地向他解释，这里原是严君平隐居卖卜的地方，严君平很有学问，精通《易》《老》，每天卖卜挣一百钱后就下帷著书。

1937年，萧萐父考进成都县中。校园后有个大污水塘，老师们郑重介绍，此乃扬雄的洗墨池，扬雄当年勤苦好学，认许多奇字，写了不少奇书。扬雄每天在池里洗笔砚，所以水都变黑了。这些童年的印象，在往后的岁月里时隐时现，乃至变成心中潜存的酵母。

仲仑先生认为新式学堂的教育有极大的局限性，命萐父先生休学一年。在这一年中，萐父先生随父及其他蜀中贤士上峨眉，其间观前辈学人论学和诗、摩挲古物、开阔胸臆。仲仑先生还命他在这一年中，以朱笔点读《汉书》与《后汉书》，闲暇即吟诵《昭明文选》。这些严格的国学训练，为萧萐父日后取得卓越的学术成就，奠定了坚实的基础。

抗日风雷打破了四川的封闭，各种思潮涌进这一盆地。萧萐父念高中的三年，正当抗日战争最艰苦、青年最苦闷的时节。对青年萧萐父影响最大的还有几位文史老师，尤其是讲授中外史地的罗孟桢老师。他充满爱国激情而又富有历史感的讲课，深深地吸引了班上许多同学。有一次罗先生偶然讲到刘知几、章学诚论史家必须具备"史才""史学""史识"和"史德"等素质，激发萧萐父写了一篇《论史慧》的长文，这是他的第一篇论史习作。

在民族忧患意识和时代思潮的冲击下，萧萐父泛读各类古今中西书籍。当时中学生读课外书的氛围特浓，自由选读，漫无目的，古今中外，囫囵吞枣。萧萐父在泛读中似乎也有点倾向性，一本《希腊哲学小史》使他在一次五题必做的外国史考试中，大胆地只选做有关希腊哲学家的一题，居然得到老师的赞扬。由是可见他的独特个性和老师的不拘一格。在高中二年级时，风闻冯友兰先生来成都讲学，萧萐父与几个同学逃学去旁听，听后还争论不休，并因此而读了冯先生的"贞元三书"——《新理学》《新事论》《新世训》等，以及当时流行的一些哲史书刊。这些经历，都为他后来选择哲学系这个"冷门"专业作了铺垫。

1943年，萧萐父考入武汉大学哲学系。当时的武汉大学迁到四川乐山，哲学系仅十几名学生。几位教授自甘枯淡、严谨治学的精神，使学生深受教育。那时，武汉大学哲学系所开的课程几乎全是西方哲学。万卓恒先生所开的"西方伦理学史"和"数理逻辑"课程，以清晰冷峻著称。张颐（真如）先生主讲"西方哲学史"和"德国哲学"等课，朴厚凝专，言必有据，教材德英对照，一字不苟。张真如先生以"哲学与哲学史"为题的文言论文阐述黑格尔哲学史观，萧萐父终生不忘。当时萧萐父还选修了朱光潜先生的"英诗选读"、缪朗山先生的"俄国文学"、彭迪先先生的"西方经济学说史"等，让他的眼界更加开阔。

时值抗日战争胜利前后的动荡时期，在茶馆自学和社团活动中，同学间相互交流知识、思想，更是别有天地。文、史、哲等各种书刊，都在学生中流传。萧萐父在大学期间阅读过郭沫若的《十批判书》《甲申三百年祭》、侯外庐的《中国近世思想学说史》等。

抗日战争胜利后，武汉大学于1946年夏迁回武昌珞珈山。大学的最后一年，萧萐父在武昌度过。在此期间，渊博崧崎的金克木先生来到武汉大学,开设"印度哲学史"与"印度文学史"等新课程,令萧萐父倾倒,并多次向金克木先生请教中西印文化思想比较研究的问题。系主任万卓恒先生贫病交加,卧床不起,但仍然热情而严肃地指导他写毕业论文。1947年,在万卓恒先生的指导下,萧萐父完成《康德之道德形而上学》的学士学位论文。

在大学期间,萧萐父关切国事民瘼,思考世运国脉,在"反美蒋、争民主"的爱国学生运动高潮中,萧萐父义无反顾,积极投入,参加并主持抗议沈崇事件的全校座谈会等活动。他参加学生进步组织,发起、编辑《珞珈学报》。1947年武汉大学发生震惊全国的"六一"惨案时,他任武汉大学学生自治组织的宣传部部长,因而被国民党特务列入黑名单。他积极投身爱国学生运动,参加反美蒋的活动引人注目,被特务监视。他的大学毕业论文是委托同学代为誊抄的,为逃避追捕,他潜离武汉,返回成都。

1947年大学毕业后,萧萐父回到成都华阳中学任教,并受聘到尊经国学专科学校讲授"欧洲哲学史",主编《西方日报》"稷下"副刊,积极参加成都地下党组织的活动。萧萐父于1949年5月加入中国共产党,12月受党组织委派作为军管会成员参与接管华西大学,后留任该校马列主义教研室主任。

1956年,萧萐父进中央党校高级理论班深造。1957年春,他在北京初次聆听了著名马克思主义哲学家、武汉大学校长李达关于重建武汉大学哲学系的设想,受其鼓舞,决心应邀到武汉大学工作;并按办新哲学系的教学需要,到北京大学进修中、外哲学史。院系调整后,全国哲学界精英都汇聚于北京大学哲学系。这一机缘使萧萐父得以涵泳其中,先后听过冯友兰、郑昕、朱谦之、张岱年、吴则虞、杜国庠、吕振羽、侯外庐等著名学者的专题课和学术讲演,又得到导师任继愈教授的具体指点,并常去汤用彤、贺麟先生家中侍座求教。他曾以"未名湖畔花千树,一夜春风次第开"的诗句,来形容当时在北京大学获得前辈道德学术滋润的心情。

这次定向进修,虽仅一年多,然而因缘合和,使萧萐父自觉进入中国哲学研究的殿堂,走向一个探索的新天地。他参加了1957年1月和5月在北京大学召开的两次中国哲学史讨论会,受到马克思主义哲学史观运用于中国哲学史的各种不同学术观点的启发。这一时期,在《光明日报》《新建设》等报刊上,萧萐父发表了《我对研究中国哲学史的几点意见》《怎样理解马克思主义的继承性》《关于继承祖国哲学遗产的目的和方法问题》等习作。他后来对这些幼稚习作很不满意，不用说，这些习作不免带有教条主义的印痕。不过，从这些初期习作中，我们亦不难发现萧萐父进入中国哲学史园地开始耕耘时，确乎有自己的特点。这个特点，就是相当重视中国哲学史研究中的价值取向和方法学问题。

萧萐父当时形成的主要观点是：学习和研究中国哲学史的目的和意义，主要在于揭示中国哲学史的发展规律，探索马克思主义哲学中国化的历史根据，即毛泽东哲学思想赖以产生、发展的思想土壤问题。为科学地阐明这一问题，有必要全面地批判总结中国哲学遗产，分析其精华与糟粕，揭示其规律和特点。为达此目的，在着手研究时，必须刻苦深入地学习马克思主义哲学史观，系统周密地搜集研读历史资料，坚持史论结合、古今通气的总方向。

萧萐父在北京大学进修时，正面临反右斗争的形势，也写过批判右派的文章；但他作为支部副书记，在自己所在的单位，由于为一些同志辩护和其他"言论问题"而被视为"严重右倾"，与支部书记汤一介一起受到"留党察看"的处分。

1957年，萧萐父正式调入武汉大学哲学系并从此长期担任哲学系哲学史党支部书记、中国哲学史教研室主任一职。他与李德永、唐明邦等一道，提出以研读"两典"（马列经典著作与中国古典文献）为基石，以清理"藤瓜"（哲学发展的线索与重点）、探索"两源"（哲学思想的社会根源与认识论根源）为起点，来规划组织中国哲学史课程的教学，使武汉大学中国哲学史课程，逐步形成自己的教学体系和理论风格。在这个岗位上，他兢兢业业工作40年，以此为基地逐步建立和形成具有武汉地区特色的中国哲学史学术梯队，在全国文科理论界，占有举足轻重的地位。

20世纪60年代，萧萐父广泛地探究玄学、佛学，尤重明清之际哲学。在《哲学研究》《武汉大学学报》《江汉学报》等刊物上，他发表了《历史科学的对象问题——冯友兰先生史学思想的商兑之一》《哲学史研究的根本任务和根本方法问题》《王夫之哲学思想初探》《浅论王夫之的历史哲学》《唐代禅宗慧能学派》《关于刘禹锡的"天与人交相胜"的学说》等论文。这些论文的总体思路，是以他对马克思主义理论的把握来分析哲学史上的个案与哲学史研究方法。比如，重视发掘被以往哲学史家所鄙视的唯物主义思想家的贡献，发掘传统思想家所具有的朴素唯物史观思想萌芽，等等。又如，在哲学史方法论上强调共相，即一般规律，与殊相，即历史人物的个性、偶然事件、思想特点等的统一。

1962年11月，在湖南长沙举行的纪念王船山逝世270周年学术讨论会，是全国学术界的一次盛会。会议由李达、谢华倡导并主持，由湖南、湖北两省社会科学界联合会筹办。萧萐父参加筹办工作，他提交的两篇高质量的学术论文，即《王夫之哲学思想初探》和《浅论王夫之的历史哲学》，使他在学术界崭露头角，并开始以王夫之研究专家名扬于世。这两篇论文在日后由中华书局出版的两卷本《王船山学术讨论集》（1965年版）中，排在非常重要的位置。萧萐父充分肯定王夫之哲学体系的朴素唯物辩证法的性质及启蒙因素，又深刻指出王夫之哲学的理论局限和思维教训。这一成果代表了当时国内船山学研究的水平。

"文化大革命"期间，萧萐父被定为李达"黑帮"，因武汉大学"三家村"案的株连而横遭迫害，长期住"牛棚"，又在襄阳农场（分校）劳动，接受学生批判。他的家被抄查七次，父亲留下的珍贵遗稿，本人的论著、诗文稿和夫人精心绘画的百梅图等，至今不知下落。他的子女也因此受到牵连,一再贻误升学。在此期间,他已开始《王夫之》一书的写作,思索中国从明清之际到现代思想启蒙的坎坷道路。

回首这段往事,萧萐父坦诚地解剖自己:"由于自己在论和史两方面的根底都浅薄,就不可避免地在行程中时陷迷途,特别是受'左'倾思潮的蛊惑,有时作茧自缚,有时随风飘荡,教训很多。经过十年浩劫,痛定思痛,咀嚼苦果,才若有所悟。"①后来,他又说:"在鼓励青年一代作跨世纪的哲学思考的同时,我常深自反省,在过去的三四十年中,虽然自己也热爱专业,奋力耕耘,有时自得其乐、宠辱俱忘;然而,由于历史形成的各种思想局限,往往画地为牢,作茧自缚,甚至迷信权威而丧失自我,这就难于作出创造性的学术贡献。"②这是一位敢于直面自己、敢说真话的自省者的可贵品质!

"文化大革命"之后,萧萐父积极投入思想理论战线拨乱反正的斗争,在《光明日报》上发表了《真理和民主》《石韫玉而山辉,水怀珠而川媚》等文章,为清"左"

---

① 萧萐父.我是怎样学习起中国哲学史来的[J].书林,1983(5).
本文前述萧师家世与经历,多参照此文。
② 萧萐父.吹沙集[M].成都:巴蜀书社,1991.

破旧、转变学风作出一定贡献。党的十一届三中全会恢复和坚持了实事求是的思想路线，真理标准的讨论结束了哲学贫困的局面，激发了萧萐父重新学习、重新研究中国哲学的信心。他发表了《略论王夫之的矛盾观中"分一为二"与"合二以一"》《略论杨泉》等学术论文。从此，他以惊人的毅力投身于繁重的教学、科研和学术组织工作，取得了丰硕成果。

20世纪70年代末至80年代初，萧萐父参加并主持了教育部组织的九校合编《中国哲学史》新教材的工作。他与中山大学李锦全教授被推为主编，李德永教授、唐明邦教授等参与编撰、修订工作。这部著作，跳出日丹诺夫的哲学史定义（唯物主义与唯心主义的斗争史）的窠臼，坚持历史与逻辑统一的方法论原则，净化哲学史的研究对象，着力探索中国哲学发展的逻辑线索，注意发掘哲学遗产中的启蒙因素，是一部具有哲学智慧的哲学史著作。

《中国哲学史》以其鲜明的理论特色，获得学术界的好评。著名哲学史家张岱年教授、石峻教授等肯定"这是一部有自己特色的中国哲学史教材""较好地揭示了中国哲学发展的规律和特点"。《中国哲学史》把明中叶至鸦片战争前的哲学史独立列为一编，这是一大创举，尤其是关于秦汉之际思潮的论述，具有独创性。这本书上下卷自1982年12月、1983年10月分别出版之后，已陆续印行10多次，累计达11万余套，被许多高校选作教材，并被国家教委评为优秀教材一等奖。后来，被韩国学者翻译成韩文版。

三年集体编书的理论收获，以及主编此书的指导思想，被浓缩在萧萐父执笔撰写的《中国哲学史》"导言"中。这一"导言"又以《中国哲学史方法论问题刍议》为题，单独发表于《武汉大学学报》1982年第3期上。这篇文章是萧萐父1957年以来研究方法论问题的集中论述，特别反映了他在20世纪70年代末重新研究专业以来的一些心得，也吸取了哲学史界冯契教授等同行们的看法。在方法学上，萧萐父相当重视黑格尔—马克思—列宁的逻辑圆圈论，认为要真正总结先哲们的理论思维经验、教训，以启迪后人，就应厘清、纯化哲学史研究的特定对象和范围，筛掉、剥离附着在哲学史上的一些纷繁杂陈的现象形态和非哲学思想资料，以直透其本质，揭示哲学矛盾运动的特殊规律。因此，从某种意义上来说，不妨把哲学思想史抽象、约化为哲学理论思维的发展史、认识史、范畴史，以把握人类或民族哲学思维发展的轨迹和真髓。

关于哲学史研究对象、范围和史料筛选问题，萧萐父主张"净化",主张区别哲学史与宗教、美学、伦理、道德、心理、教育、政治、法律史和一般思想史、学术史。他指出,哲学史,概括地说,就是哲学认识的矛盾发展史。所谓哲学认识,是人们以理性思维形式表达的关于自然、社会和思维运动的一般规律的认识,也可以说是对于客观世界的本质和人对客观世界能否认识和改造、怎样认识和改造的总括性认识。它集中地体现在哲学概念范畴的产生、发展和演变之中。

20世纪70年代末至80年代初,萧萐父在指导研究生的过程中,尤其重视哲学史方法论的训练。他与陈修斋教授共同主编的《哲学史方法论研究》一书(武汉大学出版社1984年1月出版),主要是武汉大学哲学系中、西哲学史两个教研室诸位师友门生研读、探索哲学史方法论的成果结集,也吸收了校外专家的高论。萧萐父、陈修斋等在破除教条主义束缚,探索学术研究新途径的同时,明确提出必须坚持和发展马克思主义的哲学史观和方法论原则,尤其在深化发展上下了功夫。这本书主张,必须吸收现代科学、现代哲学的方法论成果,丰富与发展我们的哲学史观与方法论。他的《中国哲学史方法论刍议》一文,是该书的扛鼎之作。此后,他又发表了《用历史和逻辑统一的方法研究中国哲学范畴》等文章，与哲学史界其他同行一道，提倡开展中国哲学范畴的历史和逻辑发展的研究。

20世纪80年代初，萧萐父倡导并参与组织了1982年深秋在湖南衡阳举行的纪念王船山逝世290周年学术讨论会。他提供了关于船山哲学的系列论文——《王夫之的认识辩证法》《王夫之的自然史观》《王夫之的人类史观》《王夫之年表》等，这些论文全面考察了王船山辩证思想的理论体系，系统梳理了王船山哲学的诸范畴及范畴间的关系，对船山辩证法作了多层次、多侧面的剖视，凸显了船山辩证思维的动态逻辑。至此，他对王夫之哲学的研究上升到一个新的高度。

萧萐父还筹划、组织湖北地区十多位哲学史工作者撰写王夫之研究论文，主编《王夫之辩证法思想引论》一书，于1984年5月由湖北人民出版社出版。同时，他被聘为《中国大百科全书·哲学卷》"王夫之"长条及船山哲学若干范畴等10多条的撰稿人，又被罗马尼亚史学家路西安·博亚教授聘为《国际史学家辞典》中"王夫之"词条的撰稿人。《船山学报》《中国史研究动态》《求索》等刊物都发表了专文，对他的以上研究成果给予极高的评价。

1982年，萧萐父撰写的《中国哲学启蒙的坎坷道路》

(载《中国社会科学》中文版1983年第1期,英文版1983年第2期)一文,是他20世纪80年代初期的重要代表作。这篇文章与他主编(与人共同主编)的《中国哲学史》《哲学史方法论研究》《王夫之辩证法思想引论》三书有密切关联,属于同一写作背景和同一运思方式。

萧萐父通过对德、俄、中三国走向近代,对沉重封建包袱进行自我批判的思想史过程的比较,表彰了明末清初所出现的早期启蒙思潮,论定这一思潮的政治和学术倾向已显然区别于封建传统意识形态,具有对封建专制主义和封建蒙昧主义实行自我批判的性质。他认为,中国确乎有过自己的哲学启蒙或文艺复兴,但绝非始于宋代理学,恰好相反,它是在对整个宋明道学(包括理学和心学)的否定性批判中开始的。正因为打破了宋明道学的思想桎梏,才产生了人文主义的初步觉醒。明清之际中华民族产生了具有异端性格的启蒙巨人,他们开始了铸造自己"新工具"的事业。他认为,18世纪出现的历史洄流掩埋了17世纪启蒙哲学的思想光芒,强化了封建传统惰力的作用。

萧萐父把社会运动和思想运动的新旧交替中出现新旧纠缠,新的突破旧的、死的又拖住活的这种矛盾状况,称为"难产"现象。他认为,"五四"运动以来的思想启蒙,也经历了坎坷曲折的道路。中国的近代化及其哲学运动，短短数十年，跨过西欧近代发展几百年的历史行程；但就理性的觉醒、理性的自我批判、理性的成熟发展等，即这一历史阶段所需要完成的主要业绩而言，却并未完成，因而需要"补课"。《中国哲学启蒙的坎坷道路》对某些高估儒家尤其是理学的现象提出批评，认为宋明理学家留下的精神包袱，即封建蒙昧主义的流毒，特别是人性异化、伦理异化的负面性，至今还在起作用，仍需要清理。

实际上，这是萧萐父的一家之言。从学统、学脉向上追溯，这一思想是对我国近代启蒙思想家章太炎、梁启超，以及20世纪40年代在国统区奋斗的侯外庐、杜国庠、邓拓等马克思主义思想史家，以及嵇文甫、谢国桢等学者的有关论断的创造性发展。重视17世纪中国出现的早期启蒙思潮，发掘王夫之、黄宗羲、顾炎武、傅山、唐甄等人的批判意识，是近世以降我国几代启蒙学者的价值取向和重大贡献，也是哲学思想史研究的一个新的传统。萧萐父之所以特别肯定明清之际启蒙思潮，是因为其"经世致用"的目的，是通过对"文化大革命"的反思，呼唤启蒙精神，呼唤理性的觉醒，批判历史上封建蒙昧主义的遗毒，张扬个性，尊重思想自由，以迎接中华民族的新的腾飞。在思想解放运动的背景下,萧萐父作为一位自觉的启蒙思想家,从中国哲学资源中寻找理性启蒙的思想先驱和源头活水,这无疑是需要充分肯定和发扬的。在关于明清之际思潮之启蒙性质与程度的论证上,以及关于儒学,尤其是宋明理学的总体评价上,《中国哲学启蒙的坎坷道路》一文容或还可以再商讨,但本文的主旨及其立论的匠心,的确反映了并且跳动着时代的脉搏。①

1985年以来,萧萐父的研究重点在传统文化与现代化之间历史接合点,关于"泛化"的哲学史观,以及文化史与哲学史。探究萧萐父学术思想发展的诸多成果,我们不难发现,他处处闪耀着活力与智慧,他的开拓精神,嘉惠学苑,启迪后生,带动一片。他常常说:集诸家之长,走自己的路。在学习诸家方面,他常常向教研室、研究生推荐国内外老中青学者的论著,充分肯定别人的成就,虚心向学术界的师长、朋友甚至青年学习。他的开放心态、博大气象及贯通百家的学力,令人敬仰。20世纪90年代,萧

---

① 戈天.萧萐父教授[J].武汉大学学报:人文科学版,1987(5):2.
施田."吹尽狂沙始到金"——记哲学史家萧萐父的学术耕耘[M]//上海中西哲学与文化交流研究中心.时代与思潮(3)——中西文化交汇.上海:学林出版社,1990.

萐父日渐圆融，自首松云，更有新境。

萧萐父是一位理想主义者，追求真善美的合一之境。如前所述，他的忧患意识、参与意识、使命感、责任感、承担感、入世关怀非常强烈，虽然他也有很深沉的历史意识，但是他的时代气息总是超过了他的历史感，驾驭了他的历史感。他是行动中的儒者，是真正的儒者，而不是他厌恶的陋儒、小人儒或乡愿。他是一位有真性情的人。在性情上，他综合了儒之清刚、道之飘逸和禅之机趣。他的文章有震撼人的逻辑力量，也给人以美文学的享受。

萧萐父对自己、对学生的要求是："德业双修，言行相掩。"通过自己的生命体验，他越来越感到做人与做学问必须一致，甚至做人比做学问更难、更重要。他以自己的生命实感抗拒着、批判着传统儒学的僵化、腐化，专制主义的令人窒息的吃人礼教造成的伦理异化，抗拒着、批判着时俗的浸染、腐蚀。作为知识分子自觉的一员，他为民族、时代、社会贡献的不仅仅是智慧，同时包含着德性的力量、批判的建言。他不仅重言教，尤其重身教。他常说人品比作品重要。他在1992年11月提交湖南纪念王船山逝世300周年国际学术讨论会的论文《船山人格美浅绎》，正是他对完满人格追求的写照：脱离习气，光风霁月；退伏幽栖，寸心孤往；壁立万仞，只争一线。他在20世纪90年代初曾遭受一些挫折，却能以平常心对待，宠辱不惊，心地坦然，尤见风采！吾善养吾浩然之气，不苟且，不偷惰，有为有守，造次必于是，颠沛必于是。儒家先圣先贤所言极是！而超越精神奴役、名教宰制、物欲系缚，又不正是释家、道家情怀吗？儒释道互补，儒释道圆融，岂有他哉？

萧萐父是一位具有丰富情感和诗意的学者。他认为，研究历史不可能不带有感情，只有设身处地，才能理解古人。但他又指出，有两种感情：一种是个人主观的非科学的偏爱偏恶，这是科学研究中应该去掉的"私情"；另一种则是"历史感情"，即具有历史感的价值判断或"公情"。这种"公情"，包含着时代的忧患、民族的感奋和历史的深沉。没有这种博大的感情，他的奋力耕耘便不会有强大的动力。他的有声与无声的教育、有言与无言的启迪、论著的逻辑与诗词的意境中，充分反映了对祖国、对事业、对同志、对学生的真挚的爱，也体现了他的高度的艺术修养和深邃的哲学智慧的完美统一。

萧萐父的论著、演讲和诗词，还反映了他追求诗与思、美与善、美与真统一的心路历程。"灵均芳草伯牙琴",是他少年时纯真的向往;"梅蕊冲寒破雪开,东风指日扫妖霾",是他青年时如火的情怀;"九畹兰心凝史慧,五湖鸥梦入诗篇",是他壮年时广阔深沉的思绪;直到老年,"劫后高吟火凤凰",虽意识到"三年灵艾绒难捣",仍然自信"一瓣痴葵蕊不枯"。对于"海上琴心""心中鸣凤"的咏叹,与其论著相映照,表现了他对中国哲人将求真、求善与求美结合起来的文化精神的自觉继承。

萧萐父的生命中,还有着人文与超人文的矛盾,积极的努力、入世的关怀与超越的祈向、终极的关怀之间的深刻的内在张力。人生向度的拓展、人文价值的高扬、生命之歌的情怀,集中于人无法规避的对存在的终极起源作形而上的反思或冥悟之上。以他的悟性、诗情和学养,这似乎是一必然归依之所。1992年萧先生去五台山出席佛教会议,有诗曰:"隐几维摩原未病,文殊慰语特多情。对谈忽到无言处,花雨纷纷扫劫尘。"癸酉(1993年)夏日,萧老师亲书这首诗赠送给我。他的这一诗作,启示笔者思考:如何解脱人文世界中的诸多矛盾,如"病"与"慰"、"情"与"理"、"道"与"名"的纠缠等,而进入超越的无言之境。一方面,积极建构人文世界,以人文化成天下;另一方面,又要从人文世界中解构,超越出来,返璞归真。智慧的修养、精神的锻炼达到极致的程度，才能进入"天地与我并生，而万物与我为一"的超越之境，于此才能把握宇宙与人生的真相和最高的价值。总之，使人格向上发展，不离开现实世界又要超越现实世界的种种限制；达到超越之境，仍要向下贯注，仍要回到现实世界中来。正如萧老师新诗所言，"鹤引诗情"之后仍需面对人文世界的"世纪桥头"，去"喘月冲泥"。

萧萐父70大寿时，写有"七十自省"组诗，兹录其二，以见一斑。其中"史慧欲承章氏学，诗魂难扫瑟人愁"一联，颇足以自表其襟怀，故移作本章标题。

其一

梦堕娑婆一片痴，庄狂屈狷总违时。

碧霄鹤引诗情远，世纪桥头有所思。

其二

暂纪征程七癸周，童心独慕草玄楼。

寥天鹤唳情宜远，空谷足音意转幽。

史慧欲承章氏学，诗魂难扫瑟人愁。

迅翁牛喻平生志，喘月冲泥未肯休。

晚年萧萐父满怀对中国文化和武汉大学的深情,将自己的诗集、文集及与夫人卢文筠教授合作的书画集,交由武汉大学出版社出版。这套精美的《萧氏文心》四卷本,展示出一位人文知识分子的文化底蕴和优良传统。

萧萐父因病于2008年9月17日在武汉辞世,享年84岁。当时《长江日报》评论:他代表了这个城市的高度。萧萐父将自己的诗集命名为《火凤凰吟》,如今先生凤凰涅槃,魂升天国,然先生留下的丰厚精神财富和不尽慧命,如珞珈香樟,四季常青;定将庇荫杏坛,嘉惠学林。

四、一位全面的现代知识分子

现代社会使有的人成为片面或单面的人,使有的知识人堕落成为人格分裂的人。形成鲜明对照的是,萧萐父是全面的人,是保存了古代遗风的刚正不阿的现代知识分子。他有强烈的现代意识而又有深厚的传统底蕴,是集知识分子、思想家、学者、教师、学科带头人、文人于一身的人物。今天我们研读萧萐父的著述,可以感受到他用思想家的眼光来考察思想史、哲学史,他是有思想的学问家,也是有学问的思想家。

萧萐父治学，首贵博淹，同时重视独立思考、独得之见。萧先生对中国哲学的学科建设，对从先秦到当今之完整的中国哲学史的重建，作出可贵的探索与卓越的贡献。他会通中西印哲学，以批评的精神和创造性智慧转化、发展儒释道思想资源。为总结历史教训，他从哲学史方法论的问题意识切入，尽力突破教条主义的束缚，引入螺旋结构代替对子结构，重视逻辑与历史的一致，强调普遍、特殊、个别的辩证联结，认真探究中国哲学范畴史的逻辑发展与哲学发展的历史圆圈。萧先生以不断更化的精神，由哲学史方法论问题的咀嚼，提出哲学史的纯化与泛化的有张力的统一观，努力改变"五四"运动以后中国哲学依傍、移植、临摹西方哲学，或者以西方哲学的某家某派的理论与方法，对中国哲学的史料任意地简单比附、"削足适履"的状况。

萧萐父治学，宏观立论与微观考史相结合，通观全史与个案剖析相结合，提出"两个之际"（周秦之际与明清之际）社会转型与文化转轨的概观，提出并论证了"明清早期启蒙思潮"的系统学说，形成系统的理论体系。萧先生的原创性智慧表现在其学术专长——明清哲学，尤其是王船山哲学方面。他以对世界文明史与中华文明史的多重透视为背景,提出以明清之际早期启蒙思潮作为我国现代化的内在历史根芽与源头活水的观点,受到海内外学术界的广泛关注,影响甚巨。他的启蒙论说实际上早已超越欧洲启蒙时代的学者们的单面性、平面化,以及欧洲中心主义、人类中心主义的立场。

对待古今中外的文化传统与哲学思想资源,萧萐父以宽广的胸襟,悉心体证,海纳百川,兼容并蓄,坚持殊途百虑、并育并行的学术史观。他重视一偏之见,宽容相反之论,择善固执而尊敬异己。他肯定历史、文化的丰富性、复杂性、多样性、连续性、偶然性及内在张力,异质文化传统的可通约性,古今中外对立的相对性,跨文化交通与比较的可能性。萧萐父还是当代中国哲学史界少有的诗人哲学家。他晚年一再强调中国哲学的诗性特质,从容地探索逻辑与情感的统一,并认定这一特质使中国哲学既避免宗教的迷狂,也避免科学实证的狭隘,体现理性与感性双峰并峙的精神风貌。

作为知识分子的萧萐父,从青年时代开始便追求民主、自由,积极参与20世纪40年代末的民主运动;一生坎坷,始终关心国家与人类的命运;在动荡的年代,既被批判又批判别人,用他自己的话说,"曾经目眩神移,迷失自我";"文化大革命"之后，痛定思痛，反省自己；越到晚年越发坚定地以批判与指导现实的知识分子而自命。他既继承了儒家以德抗位的传统，又吸纳了西方现代价值；既正面积极地从文化与教育方面推动现代化，又时刻警醒现代化与时髦文化的负面，与权力保持距离，具有理性批判的自觉与能力。晚年，他一再呼唤知识分子独立不苟之人格操守的重建，倡导士人风骨，绝不媚俗，并身体力行。他被褐怀玉，以浩然正气杜绝曲学阿世之风，绝不为眼前名利地位而摧眉折腰事权贵。

作为思想家的萧萐父，虽然主要从事中国哲学史的研究，但他做的是有思想的学术。他致力于发现与发掘中国文化思想内部的现代性的根芽，因此与持西方中心主义的启蒙论者、食洋不化者划清了界限；他发潜德之幽光，重在表彰那些不被历代官方或所谓正统文化重视的哲学家、思想家，重在诠释、弘扬在历史上提供了新因素、新思想、新价值的人物的思想，因此与泥古或食古不化者划清了界限。这就是"平等智观儒佛道，偏赏蕾芽新秀"。他重视中国传统文化的多样性，努力发挥儒、释、道及诸子百家中丰富的现代意义与价值，尤其是本土文化中蕴含的普遍适用的价值，并尽其可能地贡献给世界。

作为学者的萧萐父,堂庑很宽,学风严谨,所谓"坐集古今中外之智"。他希望自己与同道、学生都尽可能做到"多维互动,漫汗通观儒释道;积杂成纯,从容涵化印中西"。有人以为萧萐父属侯外庐学派,但他晚年否定了这一点,强调其曾受侯外庐先生的影响,但也受到过汤用彤等先生的影响,甚至受后者的影响更大。他曾检讨亚细亚生产方式的提法,认为那仍是西方中心主义的。萧萐父晚年更重视经学,曾与笔者多次详谈"三礼",详谈近代以来的经学家,如数家珍。他也重视儒学的草根性,多次讲中华人文价值、做人之道、仁义忠信等是通过"三老五更",通过说书的、唱戏的等,浸润、植根于民间并代代相传的。

作为教师的萧萐父,一生教书育人,认真敬业,倾注心力;提携后进,不遗余力。他对学生的教育,把身教与言教结合起来,重在身教。他强调把道德教育、健全人格的教育,放在首位。他认为,年轻人要经得起磨砺、坎坷,对他们不要溺爱,而应适当批评、敲打。他认为,做人比做学问更重要,现代仍要讲义利之辨。无论是做人还是做学问,都要把根扎正。他下功夫培养各领域的学生,除了他的专长明清哲学之外,他还有意识地开拓了《周易》、儒学、道家与道教、佛教、现代中国哲学、出土文献中的哲学等领域,培养了这些领域里的学术专才。他还鼓励学生自愿选择、从事政治学、管理学、新闻传播学的研究。他一再主张,要甘坐冷板凳。

作为学科带头人的萧萐父,有着开放、宏阔的学术视野、杰出的组织能力,敏锐地把握海内外学术界的动态,让本学科点的教师与学生拓宽并改善知识结构,通过走出去与请进来的方式,实现并扩大对外交流,虚怀若谷地向海内外专家请益。他有凝聚力,善于团结、整合学科点老中青学者,以德服人,尊重差异,照顾多样,和而不同。他有全局的观念与团队精神,事事考虑周围的人。如上所述,他很有学术眼光,深具前瞻性,开拓了若干特色领域。

作为文人的萧萐父,兼修四部,文采风流,善写古体诗词,精于书法篆刻,有全面的人文修养与文人气质。他对分科过细的现行教育,也有过批评。

在2008年8月30日的聚会中,我们心知萧先生将不久于人世,大家的神色都很凝重。历史学家章开沅先生亲口对我说:以萧先生的学问与影响力,本省是对不起他的。我说:萧先生属于人类,属于中国,不仅仅属于他生活与服务了半个多世纪的本省。章先生又说:在一定意义上,像萧先生这样全面的知识人，将成绝响。9月23日，萧师仙逝的头七祭日，在告别仪式前，章先生接受记者采访，慨然叹曰："萧老师学贯古今中西，诗词歌赋皆通，我很佩服他。他对真理的执着，对人格操守的坚持，对学术自由的追求和对学者尊严的维护，有士大夫的品格，其风范、气度影响了几代知识分子。一代学人逝去，是为学殇。"我觉得，章先生是萧先生的知音，故引用他的评价作为结语。

五、学术的多面相与人才培养

萧萐父的学问是博大的而不是偏枯的。明清之际学术思潮只是萧萐父的一个领域，绝不是他的全部。他有博大的气象，这当然是指他的心胸、意境，也指他在理论建构上与学术上的多面相。他有马克思主义哲学、西方哲学与中国哲学的理论与历史的功底，融会贯通。他的理论贡献在启蒙论说、传统反思、哲学史方法论、中国哲学史及辩证法史等方面；他的学术贡献在于他深度地、极有智慧地探讨了中国哲学史的多个面相，在经学（主要是《周易》）研究，在儒、释、道的研究，在汉唐、明清、现代等断代哲学史的研究上，都有创新见解，又开辟领域，培养人才，使之薪火相传。

（一）关于传统文化与现代化之间历史接合点的反思

在改革开放及其所引发的文化大讨论的背景下，萧萐父发表了《关于改革的历史反思》（又名《关于对外开放的历史反思》，曾在《武汉大学学报》、中英文版《中国社会科学》、美国《中国哲学研究》上发表）、《十七世纪中国学人对西方文化传入的态度》（载《文化：中国与世界》第二辑），以及《中国传统文化与中国启蒙哲学》《中西文化异同辨》《关于中西文化的论争及传统与现代化的历史接合点》等一系列文章。这些文章进一步发展了萧萐父在《中国哲学启蒙的坎坷道路》等文中的思想，把"从万历到五四"作为文化史中的一个历程来加以考察，以17世纪开始的西学东渐作为中国近代文化思想代谢发展的杠杆，从中西文化冲撞和汇合的角度，剖视中国近代思想变革的曲折历程。

萧萐父认为，17世纪以来，历史的曲折，道路的坎坷，中国近代革命的难产，给中国现代科学文化的发展带来了特定的局限和困难，封建意识的沉重积淀在文化深层结构中的复旧作用,是现代化的重要阻力;历史上形成的"西学中源""中体西用"等思想范式,曾在中国文化走向近现代的曲折历程中把人们引向迷途。

今天,反思历史,我们应当更自觉地、更有选择地吸收和消化外来文化及其最新成果;在中西文化对比观察中,揭示其同中之异与异中之同,超越中西对立、体用两橛的思维模式,找到中国传统文化中固有的现代化的生长点;尤其应当重视明清以来反理学的启蒙思潮,正确理解中华民族必须而且可能现代化的内在历史根据。对于现实的中国文化建设,他既反对不加分析地维护传统,又反对盲目幼稚地鼓吹"西化",主张对中华民族文化发展的曲折历史在反思中求得甚解,从而正确地把握传统文化与现代化的历史接合点,自觉地总结历史教训,避免历史洄流,促进我国的现代化建设及其必然的文化复兴。

萧萐父在文化大讨论中,曾经被学术界视为"儒学复兴""彻底重建""西体中用""哲学启蒙"四大派中的"哲学启蒙"派的代表。当然,用"哲学启蒙"并不能准确地概括他的思想,其基本主张是:应从我国17世纪以来曲折发展的启蒙思潮中去探寻传统文化与现代化的历史接合点。"接合点"是一个动态的、主体参与的概念,意在寻找传统文化资源中最佳最近的现代化因素,加以合理配置与创造性转化,这就避免了在西学、新学面前,"全盘西化"论者的"文化同化"与"本位文化"论者的"文化抗拒",从而与"文化涵化"的规律相协调,整合"寻根意识"与"全球意识"之两端。

以明清之际早期启蒙思潮作为我国现代化的内在历史根芽与源头活水的观点,受到国际学术界广泛的关注。萧萐父关于这一方面的成果,主要集结于1991年巴蜀书社出版的《吹沙集》,1993年江西人民出版社出版的《船山哲学引论》,以及与许苏民合著之《明清学术思潮》等著作中。为推进文化的研究,他还曾组织过武汉地区"明清文化史沙龙",主持过"中国传统文化与现代化"大型讲习班。1987年,他与章开沅、冯天瑜等教授联合发起召开了"中国走向近代的文化历程"的学术讨论会,《人民日报》、原中央人民广播电台、《中国文化报》、《哲学研究》及香港《明报月刊》等,都作了系统报道。

(二)提出关于"泛化"的哲学史观

萧萐父以哲学史为中心的文化史研究,层次高,视角新,扬榷古今而具有独创性,在文化大讨论中自成一家之言。与此相伴随，他修订补充了自己在1984年以前所持的哲学史观与方法论原则，发表了《古史祛疑》(《中国文化与中国哲学》，1987年第6期)、《哲学史研究的纯化和泛化》(《社会科学家》，1989年第6期)、《古史研究与马克思主义理论的拓展——马克思、恩格斯对人类学研究的方法论启示》(《中州学刊》，1990年第3期)等文章。

萧萐父在《哲学史研究的纯化和泛化》中指出，文化是哲学赖以生长的土壤，哲学是文化的活的灵魂，哲学所追求的是人的价值理想在真、善、美创造活动中的统一实现；哲学，可以广义地界定为"人学"，文化，本质地说就是"人化"。因此，哲学史研究可以泛化为哲学文化史。以哲学史为核心的文化史或以文化史为铺垫的哲学史，更能充分反映人的智慧创造和不断自我解放的历程。萧萐父又主张吸取文化人类学的不同研究方法与成果，超越扬弃单线进化论，重视文化的多元产生、多线进化与东方社会和东方文化发展的特殊性问题，并以考古新成就修订了"五四"运动以来古史辨派的缺失，在泥古派与疑古派之间保持必要的张力。

自20世纪80年代中期开始，萧萐父的思想视野逐步走向多样，走向多元开放、宽容博大的历史文化观。20世纪

80年代末，萧萐父的哲学史方法论更加全面。他认为，在一定意义上，强调逻辑建构，强调共相和必然，强调纯化，强调科学主义，强调哲学就是认识论，的确有利于哲学史的研究；但是，又不能把它推至极端，还必须注重民族的文化生命，强调殊相和偶然，强调泛化，强调人文价值，强调哲学就是本体论（非自然本体）。他认为，这两端是一致的，可以相互补充，相辅相成。作为方法，纯化与泛化、逻辑与历史、理性与直觉，都是相互涵摄的。他在指导邓晓芒编第二本哲学史方法论论文集《哲学史方法论新探》（1989年6月，打印稿本）时，体现了方法多样、成果多元的原则。《哲学史方法论新探》中对西方解释学多有借鉴。

自1978年以来，萧萐父在学术史观上一再强调破除门户，殊途百虑，反对"以水济水"的封闭单一。他发掘古代社会被大一统的官方哲学压抑了的批判思潮或异端思想，这本身就是一种重要的方法学。在《黄宗羲的真理观片论》（《浙江学刊》，1987年第1期）、《晚明儒门学风的变异》（《时代与思潮》，1989年第2期），以及《吹沙集》自序中，在关于道家文化和周易哲学的诸研究成果中，我们都可以清楚地看出这一点。萧先生指出："历史宽容'殊途百虑'之学。黄宗羲深达此理。他明确论定：'盖道，非一家之私，圣贤之血路，散殊于百家。'因而强调学术思想的研究，应当深刻体会'一本万殊'之理，尊重'一偏之见'，承认'相反之论'，坚决反对'必欲出于一途，剿其成说以衡量古今'的专断和狭隘。"萧先生又指出，自己的"'一孔之见'，有的或与前修龃龉，有的或与时论相左，但俱非定论，而只是想用'小德川流'的各抒己见，去完善'大德敦化'的总体整合，给未来的大手笔提供批判、综合的历史资料而已"。20世纪90年代初，他的气象更加博大。在多篇文章中，萧先生提倡"文化包容意识"，阐发"尚杂""兼两""主和"的文化观和文化史观，主张"学以聚之、问以辨之、宽以居之"，在杂多中求得统一，从矛盾中观其会通。这在《人文易与民族魂》《"文化中国"的范围与文化包容意识》等论文中得到进一步的阐发，十分值得珍视。

（三）文化史与哲学史研究的多层面展开

作为武汉大学中国哲学专业的学术带头人，萧萐父的学术成果，代表着他所在的中国哲学史教研室这一学术群体的若干发展方向。1985年以后，不仅个人硕果累累，而且在他的带领下，这个群体取得了令人欣喜的多方面成果。这里只能举其大端。

中国辩证法史研究。中国辩证法史是萧萐父等人，于20世纪80年代中期承接的高校博士点基金项目。实际上，在70年代末期就开始了这一研究。萧萐父、李德永、唐明邦三位教授指导的萧汉明、蒋国保、李汉武、黄卫平等十多位研究生撰写的硕士论文，都是围绕这一中心展开的。为此，唐明邦、程静宇先生等还编印了一整套多卷册的《中国辩证法思想资料》的教材。这一研究的最终成果《中国辩证法史稿》，按历史跨度分为三卷：第一卷 远古至秦统一；第二卷 秦汉至明中叶；第三卷 晚明至"五四"运动。全书总编为萧萐父，第一卷主编为李德永，第二卷主编为唐明邦，第三卷主编为萧萐父。第一卷于1990年7月由武汉大学出版社出版，在学术界获得较大反响。

周易研究。萧萐父与唐明邦教授等发起组织了1984年5月在武汉举行的全国第一届周易学术讨论会，并致开幕词，发表了《〈周易〉与早期阴阳家言》。这次会议推动了全国的易学研究。他还发表了《〈易〉〈庸〉之学片论》（《复旦大学学报》，1990年第3期）、《研究易学的现代意义》(《江西社会科学》,1990年第6期)、《人文易与民族魂》(《周易与现代化(二)》,中州古籍出版社,1993年版)等多篇论文。他考察了易学分派,提出"科学易"与"人文易"的概念,倾心于"人文易",指明"观乎人文以化成天下"乃"人文易"的核心,揭示了反映人文意识新觉醒的近代易学。他认为,"人文易"内蕴的民族精神包括时代忧患意识、社会改革意识、德业日新意识、文化包容意识等。他的学生萧汉明等对易学史、周易与中国文化的方方面面所做的有深度的研究,亦获得他与唐明邦的指引。

道家与道教研究。萧萐父对老子、庄子,对道家人格境界与风骨、隋唐道教、黄老帛书都有精到的研究。萧萐父与唐明邦等发起的"道家(道教)文化与当代文化建设学术讨论会"于1990年7月在湖北襄阳举行,萧先生致开幕词。这次会议推动了全国关于道家与道教的研究。会议论文集——《众妙之门——道教文化之谜探微》由萧萐父与罗炽主编,于1991年3月由湖南教育出版社出版。他还发表了《道家·隐者·思想异端》(《江西社会科学》,1989年第6期;《法言》,1990年第4期)、《隋唐道教的理论化建设》(《海南大学学报》,1991年第1期)、《道家风骨略论》(《道家文化研究》第二辑,上海古籍出版社,1992年版)、《黄老帛书哲学浅议》(《道家文化研究》第三辑,上海古籍出版社,1993年版)等一系列论文。

20世纪80年代末到90年代初,学术界涌动着一个当代新道家的思潮,萧萐父是其中的创发者之一。他是热烈的理想主义者,有强烈的使命感、责任感和积极的入世关怀。他在20世纪90年代倡导"新道家",当然与他的际遇和生命体验不无关系。他是一个行动上的儒家和情趣上的道家。他的生命,儒的"有为入世"和道的"无为隐逸"常常构成内在的紧张,儒的"刚健自强"与道的"洒脱飘逸"交织、互补为人格心理结构。同时要看到,他肯定的是道家的风骨和超越世俗的人格追求与理想意境。联系到他以前发表的《儒家·传统·伦理异化》(《江汉论坛》,1988年4月),相形之下,他对儒、道的取向又确有差异。当然,这并不妨碍他对儒学的真精神采取宽容的态度,也不妨碍自己的真精神中亦不乏浓烈的儒者情怀,他所批评的是儒学的负面与儒学的躯壳。

笔者曾经有《"新儒家"和"新道家"的超越——对大陆两种研究潮流之述评》一文,其中写道:"近几年以来,有关道家、道教的学术会议、专著和论文日益增多,研究的深度和广度远非十年前可比,而且热度正不断上升。由于业师萧萐父教授、唐明邦教授近几年都投入了很大力量组织道家、道教学术研究活动,耳闻目睹,我也切实体验到此项研究势不可挡。这一研究,又多少与民间社会、民俗文化之周易热、老庄热、禅宗热有一些关联。任继愈先生和萧萐父老师、唐明邦老师都指出文化人应引导其健康发展的问题。"

又说:"笔者预计陈鼓应主编的《道家文化研究》将汇聚全国道教道家研究力量,或者真能形成一'新道家'学派。""笔者认为,道家哲学的核心乃在于揭示'真实自我'的失落;道家建构的'真人''真性''无待''独化'学说,实际上提出了'个体性'的原则,修正了儒家的'主体性''整体性'的原则对个体的掩蔽;道家为现代世界提供的互尊共存、彼此宽容的相对主义的文化价值观具有巨大的意义,人性透过融摄、贯通各种相对价值系统的超越境界而完成自身。道家保持距离以'刺世',鞭挞残暴、狡诈、虚伪,提倡清高,讲求人格操守,至今仍有深远的价值。

道家主张遍历层层生命境界,求精神之超脱解放,直至个人与无限的宇宙契合无间。其心态、情怀,更加令人神往。道家之'内圣'讲'适己性',以自在自得、逍遥无待为极则;道家之'外王',讲'与物化',蕲于平等,肯定、容忍众生、众论、诸价值系统之无不齐。准此,则不似儒学那样,将个体的人淹没于群体伦理之名教纲常之中,故成为历史上思想异端的某种酵母。道家以诗歌与寓言,以隐喻、多义的比兴来表达形而上的意涵,深弘而肆,诙诡谲奇,文约义丰,哲理宏博,机趣盎然,汪洋恣肆,乃世界哲学之无上精品。"

以上,既是笔者对道家的看法,也是对吾师之倡导的回应与阐释。

儒学研究。萧萐父肯定礼运大同之学,孟子的"尽性知天"之学以及分别来自齐、鲁、韩《诗》的辕固生的"革命改制"之学,申培公的"明堂议政"之学,韩婴的"人性可革"理论,认为它们"皆属儒学传统中的精华;而子弓、子思善于摄取道家及阴阳家的慧解而分别涵化为《周易》《中庸》统贯天人的博通思想,尤为可贵"。他肯定《周易》《中庸》之学的天道观与人道观,指出:"所谓'至德',并非'索隐行怪',而只是要求在日常的社会伦理实践中坚持'中和''中庸'的原则,无过不及,从容中道;这样,在实践中,'成己''成人''尽人之性'"尽物之性',就可以达到'赞天地之化育'的最高境界。重主体,尊德行,合内外,儒家的人道观体系也大体形成"。萧萐父阐释了儒家的儒经、儒行、儒学、儒治的传统及其多样发展,尤其重视对儒学的批判与创造转化。

1985年以后,萧萐父对现代新儒家的研究提出与众不同的看法。他与汤一介教授主编《熊十力论著集》(中华书局,1985年版)。他发起、组织了1985年12月在湖北黄州举行的国际性的首次熊十力思想学术讨论会,会后主编了论文集《玄圃论学集——熊十力生平与学术》(生活·读书·新知三联书店,1990年版)。他指导笔者撰写了有关熊十力的硕士论文和博士论文,均已出版。他指导笔者与王守常、景海峰、蔡兆华等搜集、整理、点校的九卷本《熊十力全集》由湖北教育出版社推出。他为熊十力会议所致的开幕词、为拙著所赐序言、为《熊十力全集》所写的《编者序言》,都对熊十力作出别开生面的定位,着力肯定熊十力思想个性及其对传统儒学负面的批判。他指导下的熊十力遗著整理及研究,获得日本、美国、中国香港、中国台湾等国家和地区学者的高度重视和高度评价。

佛学研究。萧萐父透悟佛教哲学的一般思辨结构(缘起说、中道观、二义谛、证悟论），重视解析其哲学意义，对佛学中国化过程中极有影响的《大乘起信论》，对慧能，对《古尊宿语录》，对禅宗的证悟论，都做过深入研究而又有独到的见解。

萧萐父在佛学研究方面有《佛教哲学简介》的打印本讲义，又发表过《禅宗慧能学派》（《武汉大学学报》1962年第1期）、《浅析佛教哲学的一般思辨结构》（《江汉论坛》1984年第11期）、《〈古尊宿语录〉校点前言》（与吕有祥合作，《佛教文化》创刊号，1989年12月）、《佛家证悟论中的认识论问题》（《国故新知——纪念汤用彤诞辰百周年论文集》，北京大学出版社，1993年版）等。他指导研究生吕有祥研究禅宗临济义玄，写出专著；指导吕有祥、蔡兆华点校《古尊宿语录》，已由中华书局出版；指导龚隽撰写有关《大乘起信论》的博士论文，并对《大乘起信论》点校、注释。

汉至唐代的哲学研究。他对秦汉之际，对杨泉、鲁褒、何承天、刘禹锡、柳宗元等的哲学思想都下过功夫。

明清之际哲学思潮研究。这是萧萐父的专长，他全面深入地研究这一思潮，把这一段哲学史作为一个断代，作为哲学史教材的一编予以凸显并细化，又特别深入地研究了王夫之、黄宗羲、傅山等代表人物。他是当之无愧的王夫之专家和明清之际哲学的专家。

现代哲学思潮研究。萧萐父深入研究现代哲学思潮中的马克思主义、自由主义与文化保守主义诸流派。在马克思主义哲学思潮方面,他与同事段启咸常常讨论毛泽东思想、李达哲学等问题。他对李达、郭沫若、侯外庐、吕振羽、冯契等人作了深入研究。在文化保守主义思潮方面,他对熊十力、梁漱溟、冯友兰、唐君毅、徐复观等人作了深入研究。他还研究了梁启超、刘咸炘、蒙文通等学者的思想与学术。

萧萐父于20世纪80年代末至90年代初出席了中国文化书院(汤一介教授、庞朴教授等主其事)主办的有关梁漱溟、冯友兰的国际学术研讨会,在会上作了演讲。1992年,他参加了在海南举行的"中国现代哲学史第二届全国理论研讨会",在开幕式上致辞(《新东方》,1992年12期)。他还去香港出席"唐君毅思想国际会议",并在《哲学研究》与《法言》上分别发表了《唐君毅之哲学史观及其对船山哲学之阐释》等学术论文。

他还积极开拓了中日思想的比较研究领域,支持了楚地简帛的研究等。

（四）善为人师，桃李天下

萧萐父培养了很多学生，这些学生在中国哲学史、文化史的各领域继续跟进他的开拓，予以补充或深化。

面对研究生，萧萐父既鼓励他们独立思考，又在学行上严格要求。他为研究生开设了"中国辩证法史""明清哲学""道家哲学""佛教哲学""中国哲学史史料源流举要""哲学史方法论"等多门课程，与同事一道传道授业、提携后进，为博士生、硕士生选定方向，确立论文题目，指导完成论文，非常投入，真正是无微不至，无私奉献，呕心沥血。

萧萐父指导李维武撰写的博士论文《二十世纪中国哲学本体论问题》，从总体上研究了科学主义、人文主义、马克思主义三大思潮之主要哲学家对本体论问题的思考。这一成果得到学术界的好评。他指导田文军撰写了有关冯友兰的硕士论文，指导徐水生撰写了有关金岳霖的硕士论文，指导刘惠文撰写了有关蔡元培的博士论文等。这些研究成果亦饱含他对现代哲学诸家的慧解。他指导吴根友、徐水生撰写的有关价值观转型和中国文化与日本近代化之关系的博士论文，别开生面，另辟蹊径。

一篇学位论文往往决定一名学生一生的事业或学术方向。萧萐父的指导能力很强，有的课题一经他帮助学生选定，往往促使这名学生很快作出成绩，而且掘井及泉，吹沙见金，积以时日，开拓出一番事业。在这方面，许多学生都是受惠者，蒋国保就是一个显例。现在，蒋国保在中国哲学研究方面卓然有成，被破格提拔为研究员。萧萐父对前来求教的好学青年总是热情帮助。许苏民虽然不是他的研究生，却是在他指导下成长起来的。许苏民在文化与哲学研究方面已有不少建树，亦被破格提拔为研究员。

私淑同门中，无不受到他的滋润、培育，真可谓教泽广远。我们从他那里吸取的不仅仅是知识，不仅仅是智慧，也不仅仅是能力，而且包含有道德的力量、精神的营养。古人所谓"坐如春风""目击道存"，我们深有体会。

他也鼓励学生按个人的兴趣向科技哲学、政治学、社会学、管理学、传播学发展。据不完全统计，他最早的弟子是许苏民；他与李德永、唐明邦老师合作培养的硕士研究生有：童鹰、宫哲兵、董建桥、高广、萧汉明、蒋国保、李汉武、刘春建、吴方桐、李维武、黄卫平、舒金城、郭齐勇、邓红蕾、张铁勇、柴文华、余金华、萧洪恩、田文军、徐水生、吕有祥、赵阳、梁隽华、何建明、李炼、李大华、郑潮波、别祖云、金光鸿、陈红兵等。他培养的博士研究生有：李维武、郭齐勇、甘万萍、吴根友、徐水生、龚隽、刘惠文、邓名瑛、刘泽亮、朱哲、李大华、闵乐晓、王仲尧、高华平、张志军、邓辉等。

萧萐父的精神遗产是非常丰富的，本文不免挂一漏万。从以上简述他的学术思想的诸层面与人才培养中，我们不难发现，他处处闪耀着活力与智慧，他的开拓精神，嘉惠学苑，启迪后生，带动一片。他常常说：集诸家之长，走自己的路。在学习诸家方面，他常常向教研室、博（硕）士研究生推荐国内外老中青学者的论著，充分肯定别人的成就，虚心向学术界的师长、朋友，甚至青年学习。他的开放心态、博大气象及贯通百家的学力，令人敬仰。他有很强的学习的能力，永远保持着学术上的朝气、敏锐与激情。他对学生重在培养、熏染、提升其学习与继续学习的能力，引导他们健康成长，认真做人做事。

第二章　漫汗通观儒释道　从容涵化印中西

——萧萐父与中国哲学史

关于中国哲学史方法论问题，笔者从三个方面展开：一是萧萐父的思考与贡献；二是谈谈中西互动中的中国经典诠释方法学的展开；三是关于21世纪中国哲学研究的多重取径、前景与限制问题。

一、萧萐父的思考与贡献

（一）对方法论问题思考的背景、过程与重点

武汉大学在改革开放后，由陈修斋老师、杨祖陶老师主持的外国哲学史教研室和萧萐父老师、李德永老师、唐明邦老师主持的中国哲学史教研室一起开了一门课，中、西哲学的研究生一起来听，一起来切磋，一起来讨论，这门课就是"哲学史方法论"，这也源自院系调整后的北京

大学。"哲学史方法论"这门课，是陈修斋、萧萐父与杨祖陶先生为中外哲学史的研究生共同开设的特色课程。20世纪80年代初，我们在陈老师、萧老师、杨老师的带领下受学。当时，王荫庭老师讲普列汉诺夫，徐瑞康老师也讲了课，还请了校外的老师授课，确实使人受益匪浅。①

那时，硕士生的课主要是讨论课，我们读了大量的马克思主义的经典著作，如马克思的《〈黑格尔法哲学批判〉导言》《政治经济学批判导言》《1844年经济学哲学手稿》，还有马克思晚年的人类学笔记数种，恩格斯的《卡尔·马克思〈政治经济学批判〉》《德国农民战争》《家庭、私有制与国家的起源》《费尔巴哈与德国古典哲学的终结》《自然辩证法》，马克思、恩格斯合著的《神圣家族》《德意志意识形态》及他们的通信，列宁的《哲学笔记》等，对涉及黑格尔哲学史观的《哲学史讲演录》导言部分更是反复地研读，还有康德《判断力批判》导言等。萧先生又很重视引导我们对《庄子·天下》《荀子·非

---

① 当时的部分讲义后来编入陈修斋、萧萐父主编的《哲学史方法论研究》，1984年由武汉大学出版社出版。此外，在萧萐父指导与安排下，1989年以武汉大学哲学系名义出了打字油印本《哲学史方法论新探》，由校印刷厂印出，用于研究生的哲学史方法论课程。

十二子》《韩非子·显学》《淮南子·要略》，以及司马谈《论六家要旨》诸篇反映的古代学术史论与刘知几、王夫之、章学诚的历史哲学的研读，以为从中吸取中华民族哲学思想的方法学。

萧萐父的《吹沙集》现已出了新版，四川的巴蜀书社出了《吹沙集》三卷本，武汉大学出版社也出版了萧老师的论著集及萧师与师母的诗书画集等。这些著作里面有关于"方法刍议"的七篇论文及其他栏目的若干论文，这些文章我们都曾学习和讨论过，有的我也曾参与整理。现在，温故而知新，每读一遍都有很深的感情。改革开放以来，全国的哲学界、哲学史界开始真正了解人类文明史上最辉煌的西洋哲学与中国哲学的核心问题，及如何探讨方法学问题的，我们是见证人。

可以说，正是在陈修斋老师、萧萐父老师、杨祖陶老师等前辈指导与讨论的过程中，我们打下了方法论的基础的。老师们是结合自己的专长与研究心得来讲方法论的，萧先生结合明清哲学的研究，陈先生结合西方唯理论、经验论与莱布尼兹的研究，杨先生结合德国古典哲学，主要是康德与黑格尔哲学的研究，王荫庭先生结合普列汉诺夫五项论的研究。陈修斋老师的有关论著，请参见段德智教授编的《陈修斋哲学与哲学史论文集》等，杨祖陶老师的论著有《德国古典哲学逻辑进程》《康德黑格尔哲学研究》等，以上几种传世之作都是武汉大学出版社出版的，陈先生的书新版为《陈修斋论哲学与哲学史》，由人民出版社出版。当时我们还修了江天骥先生的科学哲学的课，亦很受库恩的科学革命的结构的启发。江先生关于西方科学哲学的书，我们也是人手一册。以上诸先生的影响，从我1983年所写的一篇方法论的文章中可以看到。[1]

从现在来看，当时中国哲学和西方哲学关于方法学的讨论，的确是非常有深意的。改革开放之初，1978至1979年中外哲学史界著名的芜湖会议、太原会议，1981年杭州宋明理学讨论会等，都是很重要的会议。中外哲学史两个学科长期在一起讨论，对教条化、庸俗化、贫乏化的苏联日丹诺夫式的哲学史方法论给予了检讨。关于哲学史研究的对象、范围、重点、方法问题，一直是萧老师等前辈们思考的重点。我们知道，这一思考的道路不是平坦的。

最近我看到坊间有的杂志上有批评萧老师和李锦全老

---

[1] 郭齐勇.哲学史方法论学习札记[J].武汉大学学报（社科版），1984（4）：30-35.

师主编的《中国哲学史》教材的文章。我不是说我的老师就不能批评,而是说批评一定要知人论世,一定要基于编写背景来理解。我们老一辈先生编的《中国哲学史》虽然在现在看来有一些不尽如人意的地方,但在当时来说其实是非常了不起的贡献。这套书出版了十余万册,被许多本科阶段的大学生捧读,的确是非常了不起的。因为它在方法学上有一个自觉,这个自觉表现在对中国哲学史研究的重点、范围、对象问题是加以思考与简择了的。

萧萐父主要是根据马克思主义方法学的理论和原理来思考和构建中国哲学史的,当时对哲学史的定义就参考学习了列宁的《哲学笔记》。萧先生讲关于自然、社会和思维的一般认识的历史,以此来定义哲学史,以区别于哲学与非哲学的界限。当时哲学界有一个认识论的转向,这个认识论的转向使萧先生的认识史观尤其重视梳理和筛选宗教、艺术、道德、社会、政治、法律资料中涉及的规律、本质的哲学问题。至于这些学科中的具体问题,则由这些学科自行解决。如若把哲学史作为一门学科加以定义、研究,则一定关涉上述各学科里面的本质、规律等哲学问题。萧先生以黑格尔—马克思的"逻辑与历史相统一"的哲学史观,与列宁《哲学笔记》的有关论断为方法论主调，且受到前面所说的哲学界"认识论"转向的影响。

《中国哲学史》力图从此前的泛政治化走向学术化，同时萧萐父和李锦全老师非常有深度地研讨了中国哲学的范畴问题。我们知道，要了解中国哲学的范畴问题，首先应对此加以提炼与辨析。我们需探讨中国哲学的天、人、道、气、性、命、心、理、德、知等范畴，宇宙论、本体论、心性论、认识论学说，以及如何与西方哲学相比照并加以调适上遂的发展的问题。为了使这些哲学资料更加适合于学生讨论和阅读，就需在教材中梳理出这些主要思想之逻辑发展的规则、轨迹。作者从中提炼出一些非常具有价值的范畴和范畴体系来加以建构。当然，在建构过程中也不免出现削足适履的情况，这是难以避免的，但是中国哲学的哲学性自此得到特别的重视。这就是在20世纪70年代末80年代初，也就是在我们读本科生和硕士研究生的时候，整个学界尤其是中外哲学史界的主要的研究走向。冯契先生的《中国古代哲学的逻辑发展》及"智慧说"三部曲，萧萐父、李锦全先生主编的《中国哲学史》，以及萧先生的论著《吹沙集》三卷，算是同一种路数的代表。这是承接着逻辑与历史统一、哲学史就是认识史的路数展开的。

当然，今天我们检讨和回顾一个甲子的中国哲学史的研究及其方法论问题，不能不再往前推。我们这个学科的建设、它的自觉化有将近一个世纪的历程。我们知道，最早是胡适的《中国哲学史大纲》上卷，还有冯友兰先生20世纪30年代出版的《中国哲学史》上下两卷。这部两卷本《中国哲学史》由卜德翻译成英文，英译本结合了西南联大时期冯先生《新原道：中国哲学之精神》中的思想，在英文世界流行甚广，至今仍起作用。这个英译本因为吸收了《新原道：中国哲学之精神》中的思想，且采用了冯先生一边讲述、译者一边翻译的形式，因此比中文本更好，更能体现冯先生自觉地对于中国哲学史的解读。

我们看金岳霖先生给冯友兰先生的《中国哲学史》所作的审查报告，就特别强调了胡适先生的半部中国哲学史中所带有的那种强势的西方人特别是美国商人的眼光。后来经冯先生建议，金先生把"商"字去掉了。这种眼光难免造成诸多成见。按梁启超先生的评价，胡适先生的哲学史大纲，对知识论、逻辑学有石破天惊的创发，但是中国人最得心应手、最有创造性智慧的社会哲学、政治哲学、伦理学、人生哲学却暗而不彰。当然，我们也知道，当时胡适很困难，他能够从西方的实验主义、逻辑学出发来解读一部分中国哲学史的材料就很不错。当时对胡适先生这半部哲学史的推崇,是以蔡元培先生的评价为标准的,那评价是非常高的,被认为是创造性的开天辟地之作。当然胡适的《中国哲学史大纲》是一部"斩头"的哲学史,它把前面很长一段哲学史都斩掉了。我们每一个人都有一定的限制,每一个学者也是这样,不可能不在时代的氛围内做自己的学术研究,因为他必须有学术前史作为基础。

萧萐父等老师们反省中国哲学(史)以及方法学的建构时,特别重视的还有他们的前驱,像郭沫若、侯外庐的研究范式。可以说,1949年以前,有两种范式占主导地位。一种范式是用美国或者说西方的哲学解释框架或者某一种路数来解读传统中国哲学。例如,冯友兰先生是新实在论的路数,用共相的观念来谈问题,而用共相来谈的"理"就成了一个空套子。但不管怎样,他有自己的优长。而冯友兰先生晚年则尤其重视人生哲学、社会哲学等。

另一种范式是郭沫若、侯外庐先生的方式,以唯物史观作为中国哲学讨论的最主要的理论指导。在这种框架之下,侯外庐、杜国庠、赵纪彬、邱汉生等的《中国思想通史》于中华人民共和国成立前出版了几卷,且中华人民共和国成立后继续出版,成为几十年来中国哲学史和中国思想史最重要的参照。当年,侯外庐专门谈《资本论》、谈亚细亚生产方式,都是我们今天还在讨论的问题。同时要看到,当时的讨论的确是以唯物史观作指导来研究中国哲学、中国思想的,这也是极具开创性意义的,有很多值得肯定的思想财富。此外,张岱年先生于中华人民共和国成立前写了《中国哲学大纲》,之前出版了一个小本子,却湮没无闻,直到20世纪80年代初期才由中国社会科学出版社正式出版,之后才有了一些影响。但张先生是以范畴论的方式来写这部大纲的。任继愈先生主编的几个版本的《中国哲学史》,也是一个重要的参照。尤其是四卷本的那套,1966年前已出版,1979年又重新修订出版,成为好几代大学生重要的教材和参考书。这些都是萧先生那一代人思考中国哲学及其方法论的重要前史。特别值得参考的是,他们用唯物史观的理论与方法来指导中国哲学的研究,重视哲学思想产生的社会历史背景及其对哲学观念的影响,重视发掘被正统史家所湮没的民间下层的思想代表等,都很了不起。

萧萐父会通中西印哲学,非常重视中西印各哲学传统的发展。金克木先生、汤用彤先生都是他的老师,彼此之间特有会心。萧先生以批评的精神和创造性智慧,转化、发展儒释道、诸子百家思想资源。为总结历史经验教训，他从哲学史方法论的问题意识切入，尽力突破教条主义的束缚，引入螺旋结构代替对子结构。对子结构也就是唯物主义与唯心主义、辩证法与形而上学对立的这种结构。萧先生重视逻辑与历史的一致，强调普遍、特殊、个别的辩证联结，认真探究中国哲学范畴史的逻辑发展与哲学观念史发展的历史圆圈。萧先生由哲学史方法论问题的咀嚼，提出哲学史的纯化与泛化的有张力的统一观（纯化是把哲学问题提炼出来，泛化是还原到思想史、学术史、文化史或某个部类中去），努力改变"五四"运动之后中国哲学依傍、移植、临摹西方哲学，或以西方哲学的某家某派理论与方法对中国哲学的史料任意地简单比附、"削足适履"的状况。可以说，这是萧先生方法学思考的理论贡献。

（二）关于经典与史料的研读

萧萐父特别强调经典与史料的研读。在文史哲分科之前，我国图书分类法只有一种经、史、子、集四部的分类方法，还有就是清代的义理、考据、辞章三种学问路向，但这些都不是今天西方社会科学的分科。分科当然非常好，但分科也会带来一些盲点。比如，经学是中国文化最重要的根源，但经学通过这种分科反而得不到很好研究。今天我们适度地提倡国学，国学这一学科不可以替代文史哲的分科，但是它可以补救现行文史哲分科后出现的问题。例如，经学中的《诗经》放在文学学科，但只放在文学中够吗？《诗经》讨论的只是今天文学范畴内的问题吗？当然不是。所以，萧先生在重视经典和史料研读的过程中，非常重视方法论之前的方法或解释学之前的解释。有的人认为训诂、考据或者文献学的研讨，包括文字、音韵，一直到校勘、辨伪与辑佚等，不能算作解释学的内容，但它们肯定是解释学之前，即我们研读中国哲学文本之前必须做的基础工作。

我们读书的时候，萧萐父给我们开了史料学的课程，专门读梁启超先生的《清代学术概论》等书籍。梁先生论朴学，主张"凡立一义，必凭证据；无证据而以臆度者，在所必摈"[1]，且强调"孤证不为定说。其无反证者姑存之，得有续证则渐信之，遇有力之反证则弃之"。[2]还有，作为一名学者，为了证明自己的看法或观点，"隐匿证据

---

[1] 梁启超.清代学术概论[M].上海：上海古籍出版社，1998：47.
[2] 同上.

或曲解证据，皆认为不德""最喜罗列事项之同类者，为比较的研究，而求得其公则""所见不合，则相辩诘，虽弟子驳难本师，亦所不避，受之者从不以为忤""文体贵朴实简洁，最忌'言有枝叶'"[1]，即语言不要太枝蔓，要集中到你的论证上来。此外，萧先生还让我们讨论陈垣先生的《元典章校补释例》之《校法四例》，即对校法、他校法、本校法、综合考证法。这都是我们切实研读文献时需讨论的。

关于考据，清儒考据功夫很深，但萧萐父启发我们对此不要迷信，清儒考据也有自身的限制。例如，关于《大学》，毛奇龄认为《大学》的单行本出现很早，以为《论语》《孟子》《大学》《中庸》《孝经》乃小经，在汉唐时早已单篇独行，不始于宋儒。全祖望《萧山毛检讨别传》就指陈其谬，而且举出的例子有很多实证，如关于毛奇龄对于《新唐书》所载材料的误读。《新唐书》说修小经、中经、大经，指的是学年时间的概念，并不是说有所谓小经、中经、大经的内容上的区别。《新唐书》卷四十四载：《孝经》《论语》一年修，《尚书》《公羊传》《穀梁传》一

---

[1] 梁启超. 清代学术概论[M]. 上海：上海古籍出版社，1998：47.

年半修,《周易》《诗经》《周礼》《仪礼》两年修,《礼记》《左传》三年修。不能因《新唐书》的这条材料,我们就把小经当作单篇别出。清儒朱彝尊这一了不起的学者,也指出单篇别出的《大学》《中庸》出现非常早,不始于宋代,尤其不始于南宋。朱彝尊甚至说司马光所注的《大学广义》是单行的开始,好像铁证如山。但实际上,《礼记》有十多篇在宋代以前已有专篇注解,并不能因此断言单篇独行。司马光所注《大学》,仍是作为《礼记》的一篇。如按《经义考》,《礼记》有四分之一的篇章早已单行。我们今天来了解《大学》《中庸》形成的历史,就知道这些问题都较容易解决。《大学》《中庸》单篇别出不是毛奇龄、朱彝尊所理解的那样。

我们还注意到《资治通鉴》几位撰写者的分工问题。胡三省在《新注资治通鉴序》中说:"修书分属,汉则刘攽,三国讫于南北朝则刘恕,唐则范祖禹,各因其所长属之,皆天下选也。"但清代学者全祖望在《通鉴分修诸子考》中提出一条材料,是司马光写给范祖禹的信,信中说,看到魏晋南北朝的材料就给刘攽,五代的材料就给刘恕。全祖望据此说胡三省注里讲的分工不对。抗日战争期间,陈垣先生带研究生,就叫研究生写文章来讨论全祖望的说法是否可靠。陈垣先生的意见是，司马光的这封信的确是信史，确有其事。但那只是他初步的想法，是收集资料做长编时候的考虑，后来并没有这样做。中华人民共和国成立后，翦伯赞先生写过一篇文章，里面关于《资治通鉴》的分工，还是按胡三省的说法。马上就有人写文反驳，批评翦伯赞，并举全祖望之说云云。翦伯赞先生回应说，全祖望的说法不对，你还需考证。①从这些材料的甄别可以看出，中国哲学的难度也在其史料、资料的辨析上。

在一场明清学术会议上，一位域外学者引用了邓豁渠《南询录》的材料。他用的是发表在《中国哲学》辑刊上由黄宣民先生标点的材料。我就告诉他，这个材料不可用。因为《南询录》的材料日本人很重视，收藏在他们的东洋文库即内阁文库中，而在中国却失传了。20世纪80年代初期，黄宣民先生请我们的一位校友邓红从日本复印给他。日本有几位大学者，如岛田虔次先生、荒木见悟先生等，都写了关于《南询录》的论文。但由于有的前辈做事疏忽或训诂方面的修养不够，点校的问题就很大。点校是要功夫的。比如，该书前面引的白沙子的话，其实只有

---

① 柴德赓.资治通鉴介绍[M].北京：求实出版社，1981：13-14.

短短一句话，他却把一长段话都打上引号，当作陈白沙的话。其实白沙子的书都已整理出版，可以查对。有关《南询录》，应看邓红的整理本。①

又如，有人讲庄子的"判天地之美，析万物之理"如何了不起，值得大力提倡云云，这是对《庄子·天下篇》的误解。其实，这本来是庄子学派所批评的一曲之见。《庄子·天下篇》作者认为把握道体之"全"，才能"原天地之美，达万物之理"。

我举以上几个例子是想说明萧老师在教授我们的时候特别重视资料、文献的鉴别、爬梳与点校。萧老师的史料学课的讲义，通过我们前几届研究生听课并不断整理，以及老师反复加以修订而成。②该书作为我校研究生院的教材，由武汉大学出版社出版，理应成为我们专业博士生、硕士生的案头书。这本书不仅讲史料，而且讲方法。其中第二讲"古史祛疑"，就是对疑古思潮的反思，属于方法论问题；第三讲"朴学简介"，就是讲文献识别与把握的门径与方法；第四讲则讲地下考古资料与传世文献的互证

---

① 邓豁渠. 南询录校注[M]. 邓红, 校注. 武汉：武汉理工大学出版社, 2008.
② 萧萐父. 中国哲学史史料源流举要[M]. 武汉：武汉大学出版社, 1998.

等,也是方法。

(三)萧萐父与《中国哲学史史料源流举要》

萧萐父的学问在中国哲学思想史,尤其重视两头,一是中国哲学史的方法学理论,二是中国哲学史的学问基础。就后者而言,他在目录学、文献学方面下了很大功夫。20世纪80年代初,他在为我们上研究生课程时,就开设了"中国哲学史史料学"的课程。这门课多次开,每开一次,补充修改一遍,辗转多年,形成了这本研究生教材——《中国哲学史史料源流举要》,于1998年由武汉大学出版社出版。

萧萐父老师曾说,《中国哲学史史料源流举要》这本书的写作目的只是为了"使研究生继踵前修,尽快地进入学术前沿;同时强调义必征实,言必有据,提倡严谨笃实的学风"。《中国哲学史史料源流举要》综合了文献学、目录学、校雠学、版本学、史源学等多门学科。萧老师采用了以每个时代主要思潮为经,以人物或著作为纬的写法。这本书首先确立了中华民族古史的价值与意义,表达了他的古史观及文化观,超越了"信古派"与"疑古派"的观点。本书介绍了中国传统治学方法、朴学的主要成就与近代学者对朴学的进一步发展，强调了地下考古的各种文字与新材料和经学为代表的上古文献的重要性。萧先生善于从各学科史料中发现哲学史的新材料。该书反映了萧先生对于中国哲学史这门学科的认识，开辟了宽阔的研究路径，表达了他广博的胸襟与"通观儒、释、道，涵化印、中、西"的学术追求。

萧萐父学贯中西，打通了文史哲、儒释道。人们常说文史哲不分家，史料上也是如此。我现在还能回忆起萧老师当年上这门课时的情景，他总是旁征博引，同时细腻地考镜源流，辨章学术。他不时在黑板上板书，写上生僻的字、句、人名与书名等。开这门课时，除哲学系的学生踊跃来修课外，还有不少文科其他系的学生主动来选修。教材出版后，文科各科系学生都来购买。这是一本有思想的工具书，除哲学系外，也适合中文、历史院系及国学院系的学生使用，也便于文史爱好者自修。

（四）强调对已有成果的把握

萧萐父不仅非常重视第一手原始资料与文献，而且非常重视对于海内外已有成果的研读，即学术前史的通晓。他教授我们硕士生、博士生时，强调一定要能够做一个非常好的文献综述。做文献综述也要贯穿问题意识。任何思想史上的人物都是"接着讲"的。撰写硕士论文或博士论文时，一定要切实梳理研究方向、论题的现有成果。从对已有成果的反思中发现问题，然后抓住问题深入研究，超越已有成果。我们作的是有思想的学术和有学术的思想，思想离开学术是空疏的，学术离开思想是盲目的。

"竭泽而渔"是陈垣先生倡导的治学方法。那时，萧老师就让我们读《励耘书屋问学记——史学家陈垣的治学》，反复体会大学问家的治学精神。傅斯年先生讲，"上穷碧落下黄泉，动手动脚找东西"。傅斯年先生成立历史语言研究所的时候，其宣言尽管用的是唯科学主义的方法，存在问题，但我们知道，现代学术的规范就是要充分理解所研究的对象，并尽量掌握已有的成果。

因此，要全面理解中国的、外国的，包括汉学家的、中国学家的，以及日本的、欧美的已有成果来做学术前史的梳理。所以，假如我们没有对于已有成果的研读和学术前史的梳理，每写一篇文章都有可能失败，因为别人已经说过，只是你不知道而已。有的人自说自话，孤芳自赏，根本不了解海内外有关人物、课题、著作研究的进展与前沿，那当然不能称之为真正的学术研究。

我们现在指导研究生时发现，有些同学比较偷巧，在网上查资料，但所找文章是地方师专学报等刊物上的文章，而对于研究对象所涉及的一些最重要的文献却并没有去找，特别缺少思想的演进过程。我们认为，学术方法与学术态度是连在一起的。做学问就要老老实实。"知之为知之，不知为不知，是知也。"在一定意义上，老老实实既是态度，也是方法。诚实地做学问既是态度，又是方法。这是我们的老先生们所一再强调的。因此，萧萐父老师、陈修斋老师、杨祖陶老师、李德永老师、唐明邦老师都非常重视做人与做学问的一致。

对此，萧先生提出二十字方针："德业双修，学思并重，史论结合，中西对比，古今贯通。"这是一种开放的，以做人为前提的学问之道。我认为，这里面包含的内容非常深广。以汤用彤先生、金克木先生为榜样的萧先生有一副对联，也是他一生的努力过程："多维互动，漫汗通观儒释道；积杂成纯，从容涵化印中西。"萧师和师母的骨灰现安葬在他们的家乡成都，墓碑上的碑文就是此联。这是武汉大学尤其是哲学学院最重要的学术传统，也是最重要的方法学。我们不应把方法与方法学太过于拘束化了。总之，一定要有广博的知识背景与扎实的学问功夫，精读经典，打好基础。

二、中西互动：中国经典诠释方法学的展开

前面谈了第一个问题，即萧萐父的致思趋向、方法学思考与治学方法。这里讲第二个问题，讨论的是中国经典诠释方法学的展开。

（一）诠释学与创造的诠释学

在此就要提到美国天普大学教授傅伟勋先生。他和萧萐父先生、刘纲纪先生都是非常好的朋友。傅伟勋先生一共来武汉大学两次，萧先生向其发出邀请并让我接待、陪同。傅伟勋先生创造的诠释学是20世纪80年代中后期首次在武汉大学讲的，后来又有所修改。关于诠释学，他很敏感。那时大家还没有像今天这样重视伽达默尔的诠释学，傅先生用五层辩证的关系来讨论中国经典诠释。

第一层是"实谓"，即这个文本实际上说了什么。这一层实际涵盖点校、训诂、考据、辨伪、辑轶等。要想弄清文本实际上说了什么，就离不开文字训诂等一系列小学功夫与文献学的功夫。假如对前面的思想史遗产完全不

了解,就没有办法做个案的研究。第二层是"意谓",即作者想要表达什么,或他所说的意思到底是什么。这一点傅伟勋先生认为非常重要。后来有人讨论,这才是开始了真正的诠释学。第三层是"蕴谓",即作者可能要说什么,或他所说的可能蕴含着什么。第四层是"当谓",即原思想家本来应当说出什么,或创造的诠释学者应当为原思想家说出什么。第五层是"必谓",后来傅先生修改为"创谓"即原思想家现在必须说出什么,或为了解决原思想家未能完成的思想课题,创造的诠释学者现在必须践行什么。①

有人批评说,必谓(或创谓)应放在诠释学之外。也就是说,属于诠释学之内的只有意谓、蕴谓和当谓。实谓是进入诠释学的一个功夫与前提,是前面的准备工作。意谓、蕴谓和当谓才是诠释的过程。必谓(或创谓)则是今人的解读,应排除在诠释过程之外。

香港中文大学刘昌元先生对傅伟勋先生创造的诠释学也有所批评。他认为,假如存在这五层创造的诠释的话,

---

① 傅伟勋.从西方哲学到禅佛教[M].北京:生活·读书·新知三联书店,1992:51—52.

就有过度诠释的嫌疑。他强调孟子所说的读《诗》时"以意逆志"的方法。要分析"说话的主体"与"实际的主体",以期做到不"以文害辞",不"以辞害意"。人的意识总是处在一定的处境、制度与风俗之中①。诠释者总是使用一定的语言,这也是伽达默尔所强调的一种诠释对话的理论。我们要勇于突破权威的、独断的说法给我们的限制。这就必须有开放的心态。关于"成见",伽达默尔也有他自己的解读,大家想必也很熟悉了。

此外,刘昌元先生提出"历史的具体化原则""融合原则"和"丰富性原则"。比如,他说方东美先生用道体、道用、道相、道征四方面来解读"道",就把《老子》的"道"解释为在形上学上有一超本体论的层次②。这些都是刘昌元先生在解释学层面对傅伟勋先生的批评。刘先生还提出有所谓"尊敬的解释学"与"怀疑的解释学"等相对应的观点。

关于伽达默尔的诠释学,有很多学者进行这方面的研究。伽达默尔所反省的是西方启蒙主义的两大精神:一个

---

① 刘昌元.研究中国哲学所需遵循的解释学原则[M]//沈清松.跨世纪的中国哲学.台北:五南出版公司,2001:77-98.
② 同上。

是强调理性，一个是否定传统。

（二）从黑格尔转向后黑格尔

笔者接手"哲学史方法论"这门课程教学已经过去好多年了。这门课原来是中、西哲学史的老师一起上，后因工作量的问题，就分开了。分开后，我和田文军老师一起负责。原来这门课是两个学期即一个学年的课，田文军老师与我各带一学期课，近几年压缩为一个学期，我们各带半学期课。我主持这门课时曾请邓晓芒教授、彭富春教授、何卫平教授到我们班里给中国哲学专业的研究生来讲西方哲学中最重要的哲学家的方法学。这是我们一直所强调的中西互通。

对这门课程的转型，就是从黑格尔转向后黑格尔：一方面，我们继续研读黑格尔《哲学史讲演录》的导言，对其进行细致的讨论；另一方面，我们更重要的是学习并检讨马克思·韦伯，学习并反思西方著名汉学家的新成果，学习并讨论伽达默尔的诠释学在中国哲学诠释中的意义。伽达默尔认为，如果否定传统就丧失了我们所理解的视域，而令纯理性的作用几乎成为不可能。现代并不与传统相对立，而是以崭新的方式来形成新的传统。真正达到理解时，社会对现代与传统的理解就实现了"视域融合"。洪汉鼎、沈清松、陈荣华、何卫平等教授在这一方面都有很多贡献，我们主要读洪汉鼎译的伽达默尔代表作《真理与方法》及洪先生所著《中国诠释学》等书，沈清松先生著《现代哲学论衡》有专章论哲学诠释学，陈荣华先生著有《葛达玛诠释学与中国哲学的诠释》。沈清松据伽达默尔思想指出，每个人都必须意识到自己隶属于一个传统；同时，我们必须知道我们的历史传统只是各种传统中的一个传统而已。因此，我们必须保持开放性，向印度、西方等不同传统开放。另外，我们最需珍视的是语言的传统。而语言的传统则存在于我们的经典、典章文物、圣贤人格、言论、经史子集、民间民俗文化中。

诠释学有它的"游戏"观念，而游戏中又有规则。这一规则与自然科学中的规则不同。自然科学的规则是主客对立。西方社会科学也受到自然科学这一规则的限制。主客二分作为所谓的普遍规则理论，用到对具体事物的把握上，就造成了像我们今天生态环境遭受严重破坏等后果，这就是科技文化所产生的弊端。所以，需理解老子所谓"道法自然"。我们要费很多口舌来向大众表明"道法自然"这一"自然"不是西方观念下的那个对象化的"自然"。"道法自然"就是道向自己的那个样子而已。有一次，刘经南院士问，"道法自然"怎么解释，我很细致地向这位自然科学家解释。

伽达默尔诠释学讲了诠释活动的预设，认为客观的诠释是不可能的，我们的理解总是在先设结构（所有、观念、概念等）的框架内才能实现。例如，我们解读孟子的"尽其心者，知其性也。知其性，则知天矣。存其心，养其性，所以事天也"（《孟子·尽心上》），尽心、知性、知天，存心、养性、事天，只有从《孟子》全书的脉络中才能得到理解。不止如此，我们甚至只有从先秦儒学发展的脉络中才能理解这句话。这就是一种先设所有。因此，任何一种创造性的理解都离不开我们的传统。我们现在认为理性与传统之间是可以各自分离、彼此独立的。然而解释学告诉我们，在我们彼此之间，在问题与答案之间，通过诠释经验中的对话性，双方可以达到一种互动。这就是一种人文主义的方法学。

（三）近年来中国经典诠释的方法论启示

在近年来中国哲学史界的方法学讨论中，笔者觉得最值得重视的是成中英先生的本体诠释学，汤一介先生的中国解释学，黄俊杰先生以孟子诠释为中心的经典诠释学与东亚经典的诠释学，李明辉先生的康德与儒学的互释，刘笑敢先生的"反向格义"说，还有借现象学解释的路子，如张祥龙教授与陈少明教授等所做的工作。

成中英先生认为，西方古典的形上学是寻找本体的诠释，而他所探讨的中国诠释学是基于本体的诠释。他要重新建构中国诠释学视域下的本体论。黄俊杰先生把2000多年来《孟子》的诠释历史加以分析与提炼，总结中国诠释的方法学及时代所附加在《孟子》诠释上的一些内容，使经典与文本得以新的敞开。

此外，日本、朝鲜、韩国、越南学者对于"四书"、儒学也有自己不同的诠释，并在此方面作出积极的贡献。汤一介先生总结了中国古代经典诠释的三种路向：一是"历史事件的解释"，二是"整体性的哲学解释"，三是"社会政治运作型的解释"。这些都是值得我们讨论的问题，都可以丰富哲学史研究。

伽达默尔101岁时告诫中国学者，不应忽视自己本民族及文化传统中丰富的具有特色的诠释学思想的分析与提炼，它也可以给西方提供某种借鉴与启示。我们有自己的诠释学传统，我们的经学、子学、佛学、理学中都有自身的诠释学传统。我们对此应倍加珍惜，相信伽达默尔的这番话具有重大的意义。

前些年还有所谓中国哲学"合法性"问题的讨论。对于中国有没有哲学，不能因为一个洋大人来中国走了一遭，说中国没有哲学，只有思想，我们就亦步亦趋。其实，没有必要去争论中国有没有哲学，因为哲学的定义本来就是非常繁复的。但又有人提出，这么多年以来我们中国哲学的解释完全是"汉话胡说"。那么，我们是不是不要用外国人的思想作为参照，不要"胡说"了呢？还有人提出，我们不要"哲学"这一词汇，就用古代的"道术"替代算了。此外，我们该如何应对"以西释中"，是不是可以开出一条"以中释中"的路子呢？有的先生主张"自己讲"和"讲自己"。

我们今天已经到了一个中西不可分割的对话时代，笔者以为，已经不可能自说自话了。既然我们处在一个中西互动的时代，那么前面所面临的疑问自然就好回答了。看来，故步自封是不行的。"中国哲学"学科的完善与发展，仍然离不开中外哲学的多方面的更加广泛深入的交流、对话与沟通。今天，我们的诠释学处在中外古今之间，故针对"以西释中"回到所谓"以中释中"，是不妥当的，其实"中""西"都是流动的、变化着的。通过对近几十年来中国经典诠释的方法学及学者们所提出的各种问题进行讨论、解读，可以引发我们对于中国哲学史方法学的新思考。

三、21世纪中国哲学研究的多重取径与前景

近年来，笔者在为研究生讲授哲学史方法论课程的教学计划中，有关教学目的，一直写这样一句话："重点理解和讨论中国哲学史的特殊的方法论，即不以西方范型为框架的中国人文的方法论，破除将西方哲学社会科学方法作为普遍方法的迷信，理解中国哲学范畴、价值、意境的特殊性及其普世化。"在我布置的思考题中，有一个题目是："治中国哲学史的一个难题，就是人们的视域、思考方式、方法学训练，主要是依从西方的。试问，你认为如何从心态、方法（包括思想方法和范畴诠释方式）上更好地解释传统？"我开的长长的书单中有张岱年先生的《中国哲学史方法论发凡》和韦政通先生编的《中国思想史方法论文选集》等。近些年，我也发表了好几篇关于哲学史

方法论的文章①,以下综合这些论文,简略地谈几个问题。

(一)中国哲学学科的主体性与中西哲学的对话性

中国哲学与西方哲学是两种不同的哲学形态,我们不能把西方哲学定于一尊。当年金岳霖先生预设的"普遍哲学"仍然只是以欧洲哲学为蓝本的,是西方一部分哲学的抽象。金先生以所谓的"普遍哲学"作为唯一尺度,衡量、评估非西方的丰富多彩的哲学。这种观点是应予以检讨的。但凡思考宇宙、人生诸大问题,追求大智慧的,都属于哲学的范畴。关于人在宇宙中的地位、人的尊严与价值、人的安身立命之道等,都是哲学的题中应有之义。中国哲学在这些方面有自己的智慧,与西方哲学当然可以通约,可以比较。不同文化背景下产生的哲学具有某种一致性、互通性,因此相互翻译、诠释、比较的哲学研究工

---

① 郭齐勇.中国哲学学科的建设与发展(笔谈)——中国哲学:保持世界性与本土化之间的必要的张力[J].天津社会科学,2004(1):4.

郭齐勇."中国哲学"及其自主性[J].文史哲,2005(3):3.

郭齐勇.中国哲学的自主性与哲学对话[M]//哲学研究杂志社.中国哲学年鉴,2006.

郭齐勇.建构中国哲学的方法论反思[J].学术月刊,2007,39(3):4.

郭齐勇.中国哲学史研究范式的探究与省思(专题讨论):内在式批判与继承性创新[J].河北学刊,2009,29(2):36-38.

作不仅有可能，而且有意义与价值。所谓内在与超越的关系，学界讨论有没有"内在超越"，或者说超越就一定是外在的吗？关于这个问题，完全可以在中国的天人之学中加以探讨。

我们强调中国哲学学科成立的正当性，强调中国哲学学科自身的特色，并不是把中国哲学作静态的处理，其本身是一个动态的过程。中国哲学（儒、释、道诸家等）有自己的特性。一般说来，中国哲学的实践性很强，不停留于"概念王国"，没有西方哲学中的上帝与尘世、超越与内在、本体与现象、主观与客观、身体与心灵、事实与价值等绝对二分的框架。以天、天命、天道为背景，中国哲人有神圣、高远且强烈的终极关切、理想境界、形上追求、精神信念；同时，有现实关怀，力图在社会大群生活和现世人生中实现理想，其内圣与外王是打通的。

有人说"中国人没有信仰"，我看中国人、外国人中都有没有信仰的人，也都有有信仰的人，不能笼统地讲。我是中国人，我就有信仰，当然不能由此推论所有中国人都如此。中国人的信仰，在今天的民间仍保留着。我们的老师萧萐父先生、陈修斋先生、杨祖陶先生等，都有着很深沉的信仰。我们在他们身边能强烈地感受到这种信仰支撑的学术人生，他们的所言、所思、所行无不让我们感觉到，这是有信仰的人。

（二）理解的历史性与诠释的相应性

一旦涉及中国哲学史的方法论问题，当然离不开"理解"与"批判"、"继承"与"原创"、"传统"与"现实"等关系问题。所谓"批判"，是在全面深入理解基础上所作的内在批评，而不是不相干的外在批评。所谓"原创"，不是无源之水、无本之木，不是玄想，不是标新立异，不是剑走偏锋，而是真正在全面继承基础上所作的开拓，是扬弃（既保留又克服）。弘扬传统并不意味着脱离现实，而是调动并创造性转化传统文化资源，以其中的某些因素介入、参与、批判、提升现实，促使传统与现代的互动。

如何历史地、相应地诠释中国哲学，值得我们思考。某先生是历史学家，他在解读中国思想史时有很多重要的创获。例如，关于清儒与宋儒的关系问题就值得深思，其所强调的"内在理路说"有一定意义。因此，我们如果强调问题意识和方法学自觉的话，就要对这些前辈学人的重要思想成果加以认真研读。海外一些汉学家的成果，我们相当重视，如葛瑞汉、列文森、史华慈、狄百瑞、安乐哲教授等，还有一些日本学者。安乐哲先生曾来我校授课、讲学，他有很多重要的创获。我们做中国哲学研究的学者、学生有着更加复杂的工作，就是必须对西方哲学，对海内外的现有成果都给予足够的重视，并加以细致地研读，否则根本谈不上创新。

"五四"运动以来，片面的、平面的西化思潮及教育体制，使我们这一代甚至前后几代人逐渐丧失解读前现代文明（或文献）的能力。故现在我们带领同学们读经，就是拿十三经原文来读，连注疏一起读，从识字、断句开始，慢慢培养我们解读原典的能力。读时不要看白话解释，白话翻译往往是有弊病的。我们要看就直接看古文献。对于自己民族的文化及其经典，应有起码的尊重，起码的虚心的态度，不要信口雌黄，不要相信所谓名家的中国文化如何如何，西方文化如何如何。有的所谓"新批判主义者"，比"老批判主义者"更荒唐，更靠不住，其对中国传统哲学的批评，绝大多数是站不住脚的，因为他断章取义，而且是暴力强加式的，武断宰割的，先入为主的。没有相应的理解，不可能有相应的批评，这是非常重要的方法论问题。

（三）中国哲学的特殊性与丰富性

关于有没有所谓"普遍哲学"，前文讨论金岳霖先生的论点时已有所涉及。其实，把西方哲学作为一种普遍性的哲学，把中国哲学作为一种特殊性的哲学，这本身就是有问题的。中国哲学不能用狭隘的西方哲学的观念来加以限制，用纯西方哲学的观念来研究中国哲学，收获会让人觉得非常遗憾和有限。我们相信，方法多元与成果多样肯定是这个时代的哲学方法学和哲学解释状况的前景，但是任何方法与方法学都有它的限制。

劳思光先生用"基源问题研究法"对中国哲学进行解读，认为中国哲学有三种基本形态：一是心性论的形态，二是宇宙论的形态，三是形上学的形态。这一特定内涵，分别指向三种建构道德价值之门径。他认为，主体性之自觉活动内在于心性主体之中，从而确定善的价值方向。在劳先生看来，孔、孟哲学就是这种心性论哲学的典范。他认为，以宇宙论为中心的哲学太注重外在的"天"，这个"天"是以汉儒董仲舒为代表的宇宙论的趋向。形上学的形态，则是将价值建基于超经验之"实有"上。他认为，北宋的程颢、程颐哲学是形上学最纯粹的表现。如果要加以定位，他认为宇宙论的哲学是最低的一种形态，形上学的哲学是中间的形态，心性论的哲学则是最高的形态。由此，他对于宋明理学的解读展开了所谓一系三向或三系的说法，这与牟宗三先生的三系说不一样。他在这里把程颢、程颐哲学放在中间的层次，把周敦颐、张载哲学隶属于宇宙论的形态，即最低的一个层次。而到陆象山、王守仁哲学，则越发凸显心性论这一形态，属于最高的一个层次。他的这种判教的确有新见，当然也有一些限制。因此，大家在检讨劳思光先生四卷本的《中国哲学史》及这种"基源问题研究法"时，提出了一些问题与批评。例如，他的这种架构本身就难免对中国哲学造成伤害。考虑到中国哲学的特殊性，这种方法是否适用于中国哲学的研究，值得进一步讨论。

哪怕是研究中国的名学、逻辑学、正名学说，如若以西方的纯逻辑的观点或方法来加以解读的话，也不可能得到一个恰当的理解。有时候我们的确需要抽象、分析及理论推演，但中国人更重视的是当下的体验，更重视一种特殊的、具体的情势。这种体验方式，当然有它自身的局限性。但我们仍要虚怀地去了解这种生命的、生活的体验方式之重要性。

西方人对哲学的分类方法，也不适用于中国哲学。中国的天道、人性学说，假若用西方的宇宙论、伦理学来加以解读，就会完全不相干。对于中国传统哲学自身的特性及中国哲学史的方法学，仍在摸索之中。我们应有自觉自识，发掘中华民族原创性的智慧与古已有之的治学方法，并予以创造性转化。中国有自己的语言学与语言哲学的传统。中国先民仰观天象，俯察地理，近取诸身，远取诸物，以"六书"为特点的汉字，生命体验，经子之学，有自身诠释文献的方法与智慧。中国人强调经验直观与理性直观地把握、领会对象之全体或底蕴的思维方式，有赖于以身"体"之，即身心交感的"体悟"。这种"知""感""悟"是体验之知，感同身受，与形身融在一起。我们要超越西方一般知识论或认识论的框架、结构、范畴的束缚，发掘反归约主义、扬弃线性推理的"中国理性""中国认识论"的特色。

（四）内在的批评与思想的训练

批评、超越传统，我们从来不拒绝批评。但内在的批评与思想的训练一定要以同情的了解为前提。因为，必须有深刻的同情的了解才能做好哲学思想史研究，而同情的了解要靠相应的才能。

刘述先先生说过："要了解一家哲学，我们必须要了解这一家哲学产生的时代和文化的背景是什么，所感受到的问题是什么，所提出的解决问题的方向是什么，独特的哲学心灵尤其需要独特的处理，庸俗的眼光未必能够了解崇高的哲学的境界。""缺乏同情的了解是研究传统中国哲学的一大限制，而时代气氛不同，尤其使我们难于领略过去时代的问题。""故此研究思想史贵在作深入的内在的探讨，外在的论议是其余事。从这一个观点看，胡适与冯友兰的哲学史都不能够算是深刻，因为它们不能作足够的内在的深刻的讨论的缘故。大抵在中国哲学史上，以佛学与理学最不容易处理，以其牵涉内在体验的缘故。如果缺乏体验，根本就看不出这些东西的意义。入乎其内，而后才能出乎其外，这是研究一家哲学的不二法门。了解一个哲学所要解决的问题是什么，着手的方法是什么，所根据的经验基础是什么，这样才能看出这一哲学的优点与缺点所在。"刘先生认为，由此我们才能理解古人的陈述与陈述背后的洞识，显发古人思想中所潜在的逻辑性，使其具备与内容相适应的理论结构。

笔者所主张的方法是一种"谦虚"的方法。所谓"谦虚",或"同情的""客观的"理解,或"以继承为前提的创新""弱势或软性的诠释"等,不仅是态度,而且是方法。文化立场、心态作为一种做学问的态度或方法,对诠释的效果也会产生很大的影响。但它本身也有局限。我们不是不要批评、反思,而是要做难度更大的内在性的、相干性的批评与反思。反思是辩证的扬弃,既保留又克服。反思不是全盘否定或恣意地、无根据地乱说。王元化先生说过:"黑格尔学说具体的普遍性不同于抽象的普遍性,前者可以将特殊性和个体性统摄于自身之内。我认为这只是存在于黑格尔的逻辑学中,而并不存在于现实中。实际上,普遍性越大,它所能概括的特殊性和个体性则越小。设想有一种不同于抽象普遍性的具体普遍性,使这种概括可以放之四海而皆准,那只是美好的空想。"[①]

因此,我们在拥护这种具体普遍性时,也应看到它自身的局限。主张弘扬中华优秀传统文化精神并不意味着没有现实感,不关注现实或脱离现实,而恰好包含着批判现实,批判现代性的负面与偏弊,批判时俗流弊,批判"五四"运动以来相沿成习的某些误解。我们努力对传统

[①] 王元化. 谈谈我的反思[N]. 文汇报, 1995-10-22.

儒释道与宋明理学等思想传统作创造性转化，主要是通过生活化的渠道浸润到民间，在现代生活中起作用。

此外，要注重思想训练与思想力的培养。徐复观先生说过："某人的思想固然要通过考证（包括训诂、校勘等）而始能确定；但考证中的判断，也常要凭思想的把握而始能确定。""前后相关的文句，是有思想的脉络在里面的。这即说明考证与义理在研究历程中的不可分割性。就研究的人来讲，作考证工作，搜集材料，要靠思想去导引；鉴别材料，解释材料，组织材料，都是工作者的思想在操作。而'思想力'的培养，必须通过了解古人的、他人的思想，而始能得到锻炼、拓展、提升的机会。所以思想力的培养，是教学与治学上的基本要求。岂有不求了解古人的、他人的思想而能培养自己的思想力？岂有没有思想力的人能做考据工作？"徐复观先生主张通过了解古人的、他人的思想来锻炼、提升、培养"思想力"，尤其要学会把握古人思想的内在脉络，这才是批判的基础。

因此，我们要时时理解中国哲学（每家每派）的边界与限制。当然，首先是自己老老实实地读书，不要说大话，要有自知之明，自虚其心，自空其说。这并不妨碍问题意识的产生，而是尽可能避免剑走偏锋。

四、回顾与瞻望

回顾几十年来中国哲学之研究，中外哲学及汉学、中国学与各宗教间的对话逐渐加强，古今会通也受到重视。研读第一手资料的功夫更加扎实，也重视海内外已有的研究成果即研究前史，在此基础上提出创新性见解并给予翔实的分析、论证，研究领域进一步扩大，各个时段的思潮、流派、人物、著作与哲学问题的研究都有许多成就。传统哲学与当代的关系、经与经学、佛教、道家与道教、宋明理学、现当代新儒学、出土简帛中的哲学思想研究、从政治哲学的视域研究中国哲学等，已成为热门或显学。当然，其中也有不尽如人意的地方。如何做到小中见大仍是我们面临的难题。研究的对象越小，背景越大，才越有深度。此外，把东亚（中国、朝鲜、韩国、日本）的哲学思想史作为一个整体来研究，把整个东亚作为一个思想背景和诠释学处境加以对待，也是富有创新性的思路，这种研究业已展开。

当前的中国哲学研究存在一些问题或缺失：第一，学科间交叉、对话不够；第二，学术品质与水平及对古典的研读能力下降；第三，现实向度不够；第四，面向世界的能力尚待加强；第五，问题意识和理论深度还有待提升；第六，关于少数民族的哲学与古代科学中的哲学问题的研究还比较薄弱；第七，中国哲学史研究在少数重要人物（如孔子、孟子、老子、庄子、程颢、程颐、朱熹、陆九渊、王阳明、王夫之）及其著作上扎堆的现象亟须改变，有许多在历史的某时段某地域颇有影响的人物、学术共同体、著作等都没有得到很好的发掘、整理与细致的研究。中国哲学史上有很多二、三流的人物，其实也非常了不起，在某时某地很有影响，都亟待我们结合东亚史、地域文化思想史去开拓，首先要下功夫把第一、二手资料给予整理、出版。

中国哲学或中国哲学史当然不同于中国学术史、中国思想史，其研究范围、对象与方法自有不同。中国哲学更重视哲学形上学与哲学问题的讨论。同时，中国哲学研究者并不排斥，相反更重视哲学思想、理念对社会民俗、政治与各种社会制度的作用与影响。这种关怀与对哲学理念的关怀相辅相成。我们的任务是彰明中国哲学之为中国哲学的自身的哲学问题、精神、方法、范畴、特点、风格与传统，深度建构、阐发中华民族几千年来的哲学思维发展史，体现中国人的哲学智慧、超越境界、身心修炼、生命意境、言说论辩方式的特色及其与欧洲、印度等哲学智慧的同异，以及世界上几大哲学传统在中华文化区的碰撞与交融。

展望未来，我们预计中国哲学界将会在中国哲学学科主体性的确立，中国经典诠释的多样性，中国哲学范畴、命题与精神、智慧的准确把握，西方哲学的中国化与中国哲学的世界化，中国哲学的创造性转化，中国哲学智慧对现代化的参与及对人类社会的贡献等方面继续取得重要进展[①]。

---

① 郭齐勇，廖晓炜.60年来中国哲学思想史研究的思考[J].文史知识，2009（9）：4-10.

第三章　活水源头何处寻　密察新芽继启蒙
——萧萐父与明清启蒙思潮

一、解读中国哲学与文化中的"启蒙反思"意蕴

关于萧萐父的"明清早期启蒙思潮"的内涵、意义与价值，陈来教授和高瑞泉教授的讨论极具启发性。

有的学者认为，今天思想界有关"启蒙反思"的论说，与萧先生的"明清启蒙思潮"的论说是针锋相对的。我的理解恰恰相反，认为两者恰好具有一致性。在一定意义上，萧先生的启蒙观或启蒙论说，包含了"启蒙反思"的意蕴。萧先生并未照抄照搬西方启蒙时代的理论，也没有照抄照搬"启蒙反思"的理论，而是从中国思想文化的历史与现状出发，从"健康的现代化"（特别是人的现代化）出发，作出深刻的反思。诚然，他坚持启蒙论说，反对取消、解构启蒙的看法，不同意把启蒙心态视为"有问

题的心态"。然而，实际上萧先生强调的启蒙，其内涵十分丰富，不是近代西方的启蒙所能包括的。在此，我特别要谈谈本人过去忽略的方面，近年来自己已开始重视全面地理解萧先生的启蒙论域。

第一，萧萐父启蒙观的要旨，是从中华文化传统中寻找自己的现代性的根芽，强调本土文化中孕育了现代性。他主张的是中国式的启蒙，是中华文化主体的彰显，而不是全盘西化与全盘式的反传统，驳斥了中国自身不能产生现代性因素的西方偏见，这就疏离、超越了西方中心主义，也蕴含了"启蒙反思"。

萧先生不希望继续陷入中西对立、体用两橛的思维模式之中。1987年，萧萐父说：

中国的现代化，绝不是，也绝不可能是什么全方位的西方化，而只能是对于多元的传统文化和外来文化，作一番符合时代要求的文化选择、文化组合和文化重构。因此，就必须正确认识到自己民族传统文化的发展中必要而且可能现代化的内在历史根据或"源头活水"，也就是要找到传统与现代化之间的文化接合点。这是目前应当思考的一个重要问题。

萧萐父认为，所谓启蒙，是中国式的人文主义的启蒙，是走自己的路，而不是失去主体性的，走别人的路。1982年，他在其名篇《中国哲学启蒙的坎坷道路》中开宗明义："中国是否曾有过自己的哲学启蒙或文艺复兴？如果有，它的历史起点在哪里？经历了什么样的特殊道路？"萧先生思考的中心是在中国多种思想资源中寻找什么样的思想资源作为连接现代化的基础或起点。他所寻找的是中华民族自我批判、自己走出蒙昧的16世纪泰州学派等新动向，尤其是17世纪明末清初一大批思想家与文化人的思想异动。故他强调的是："中国有自己的文艺复兴或哲学启蒙，就是指中国封建社会在特定条件下展开过这种自我批判。"他的关键性的思路是，"从我国17世纪以来曲折发展的启蒙思潮中去探寻传统文化与现代化的历史接合点"。这与西方思想家视西方启蒙为绝对、普遍的立场，截然不同。

1986年，萧萐父说：

特别是要意识到对外开放所含蕴的我们民族要自我振兴在文化上所面临的艰巨任务和历史责任。既要摆脱近代史上曾有过的"中体西用""全盘西化""本位文化"之类的老框框，又要反对失去主体的自卑思想。正确的主体思想来自历史创造活动,来自对历史形成的文化现实及其发展的正确理解。我们这个民族既有自己源远流长的文化传统,又在历史上曾经成功地消化了外来的文化因素。

我们继续着17世纪以来的历史行程,正在更自觉、更深广也更有选择地吸取、消化西方文化及其发展的新成就。如果我们能够树立正确的主体思想,在一个新的基础上把它们融会贯通,让人类创造的文化信息在中国"聚宝",经过重新创造再反馈出去,那将对人类文化的新发展作出重要贡献。

很明显,萧先生主张在宽容开放中不失民族文化的主体性。

萧萐父论证"中国式的人文主义思想启蒙",探索"中国式的思想启蒙道路的特点"。他特别重视"自我更新",即"依靠涵化西学而强化自身固有的活力,推陈出新,继往开来",消化西学,重建"中华文化主体"。在本土文化中,如明末清初思想家那里,就孕育着中国文化现代化的胎儿。

晚年的萧萐父特别指出:"早期启蒙说"的深刻的理论意义:

（首先在于）驳斥了国际上普遍存在的中国社会自身不可能产生出现代性因素的西方中心主义偏见，有力地证明了中国有自己内发原生的早期现代化萌动，有现代性的思想文化的历史性根芽。

一部中国史，并非如西方学者所说"连一段表现自由精神的记录都不可能找到"。

在中国人当中，并不缺乏对于公开地自由地运用其理性的权利的追求，任何否认中国人同样应该享有人类的普遍价值、把中国人看作"天生的奴隶"的种族论的观点，都是完全错误的。

第二，萧萐父的启蒙观，特别重视非西方民族和文化，尤其是中国文化之体认，批驳了西化派否定中国有自己的哲学、有自己的认识论的看法，批评工具理性、唯科学主义的意涵。这恰好是"启蒙反思"的题中应有之义。

萧萐父肯定"中国文化要走自己的路"与"寻根意识"：

"无形的根"，那就是"中国文化中的真道理"，即具有普遍价值的民族精神，乃是创造中华民族新文化的源头活水。

西方文化的道路和模式却并不是绝对的和唯一的……西方现代文化是欧美各民族文化的现代化，仍然是民族性和个性很强的东西，尽管其中寓有世界性的要素。从这个意义上说，中国文化现代化要走自家的路（但不脱离人类文明的发展大道），并不是错的。文化的民族主体性的问题，确乎是一个极其重要的问题。

萧萐父说："长期以来流行一种见解，即认为中国哲学注重伦理学，着重讲修身；而西方哲学才注重认识论，着重讲求知""应当突破欧洲近代实证论者的狭隘观点，看到哲学史上提出过的认识论问题。"这不仅是对冯契先生的肯定，而且表明他自己的学术径路与工作重心。萧先生十分重视中国哲学史上的认识论，曾下功夫研究了汉魏之际、明清时期的认识论问题。他十分重视中国先哲"察类""明故""求理"的过程与特色，也很重视辩证思维。他指出：

需要重新审视中国古代辩证理性思维产生和发展的历史。

我们民族智慧中的辩证思维,既区别于印度,又不同于希腊,而有其自身的历史特点和逻辑发展。

作为认识成果的辩证法,也同样表现为一系列范畴和规律在历史上的依次出现并发展到一定阶段而得到理论总结。

历史上的辩证法的认识成果,是多层次、多侧面的,并非完全表现为哲学理论形态,而是以不同程度的抽象、多种形式的范畴表现于各种思想文化的史料之中。

萧先生重视史家、兵家、农家、医家、天学、数学,以及政论、文艺评论和学术史观中的辩证智慧。

萧萐父批评西化思潮,特别是实证主义、科学主义对本土哲学智慧的漠视与曲解:

到了近代实证科学思潮兴起并传入中国以后,一种以解剖学为基础的崭新医学及其形而上学的世界观与方法论开始拒斥传统的中医学,中医学的基础理论被认为违反实证科学而陷入困境,《周易》也被看作充满神秘象数的一座迷宫而无人问津,中医与《周易》的会通关系渐趋疏远了。

在中国，历史地形成了医易之间互相会通的文化传统。三才统一的宇宙模式，动态平衡的系统思想，以阴阳五行为核心的范畴体系，乃是医易相通的逻辑基石。

萧先生对古代医学与易学中蕴藏的有机整体、动态平衡、生命信息、生理节律等予以高度肯定。

对于气论与传统思维，对于中国哲学的诗性特质，萧先生有很多发现与创造，又发挥王船山诗化哲学与历史文化慧命，指出："船山多梦，并都予以诗化。诗中梦境，凝聚了他的理想追求和内蕴情结。""船山诗化了的'梦'，乃其人格美的艺术升华。""船山之学，以史为归。""通过'史'发现自我的历史存在，感受民族文化慧命的绵延。"他对道教、禅宗等的思想方式与人的胸次、境界、性灵的关注，都与西方近代理性主义、实证主义、科学主义不可同日而语。

萧萐父对西方从16世纪以来的"科学—理性"主义思潮及其代表人物，从维柯到法国百科全书派，从黑格尔到摩尔根、孔德、斯宾塞等所持的普遍主义的、单线演化论的观点予以扬弃。以上表明，萧先生的启蒙论说，恰好超越西方从启蒙时代到康德的启蒙论说，包容也超越当今

"启蒙反思"的内容。

二、超越启蒙时代的"人的重新发现"

萧萐父说过:"启蒙,是15世纪以来世界历史的主题。启蒙的核心是'人的重新发现',是确立关于人的尊严、人的权利和自由的人类普遍价值的公理,特别是确认每一个人都有公开地自由地运用其理性的权利,并且以人道主义原则为人类社会至高无上的原则和普世伦理的底线,反对任何形态的人的异化。在全世界范围内,这一历史进程至今也没有完结。"萧先生在具体讨论"人的发现"时,时时突破这一范围。

由于萧萐父有非常深厚的人文底蕴,又处于今世,故他的启蒙观,尤其表现在对天与人的关系,人的终极信仰,人与自然,以及有关人的全面性、丰富性的阐扬上。人不是单面的人,人不只是个体权利、利益、智力的集合体,启蒙也不意味着个体权利、知性与个性自由的无限膨胀,这不仅与近代西方启蒙理性的人的觉醒不同,而且包含批评人类中心主义,批评工具理性与原子式的个人主义。在这个意义上,萧先生的启蒙论说包含启蒙反思。

萧萐父揭示《周易》中科学易与人文易的价值，尤指出后者"超越占卜迷信之外的神道意识，对宇宙人生终极意义的追求，'阴阳不测之谓神''神无方而易无体''穷理尽性''原始反终'，圣人以此'斋戒''洗心''退藏于密'的精神家园……往往涵蕴于'人文易'的深层义理中，诸如宇宙既济而未济，大化生生而不息，'乾道变化，各正性命'……莫不言简意深，值得珍视。"萧先生探讨"人文易"，使之与"民族魂"相联系，并借以批判启蒙理性，特别是工具理性。他指出：

人所面对的理世界，既有理性（工具理性）所认知的实然之理，也有心灵（价值意识）所感悟的应然之理。两者互相区别，又互相联系，但却永远不能互相代替。

"刚柔相错"所展示的"天文"，属于工具理性所认知的客观物象及自然知识的实然之理，但人总是按一定的社会需要和价值理想去"观天文、察时变"，其目的和意义便离不开人文意识中应然之理的指向；而作为人类文明的根本标志，"观乎人文，以化成天下"，更是易道的主旨和理论重心，构成"人文易"的丰富内涵。

内蕴于民族文化深层中的价值取向与精神动力，是民族传统中最有活力的文化基因,可以长期影响乃至支配一个民族的普遍心理素质和文化走向。

萧萐父发挥王船山《周易外传》中"存人道以配天地,保天心以立人极"的思想,肯定人与天地的贯通,并在此基础上认同儒家的人禽之辨、华夷之辨、君子小人之辨。

萧萐父通过对唐君毅哲学的讨论,肯定以人的道德理性、精神自我来界定人的本性、本质,旨在超越物质现实与自然生命,反对自然主义、功利主义。萧先生肯定唐君毅哲学:

> 首先是道德自我的建立……确立了自贵其心的个体独立人格及其自觉追求真善美等理想的价值,反对了重物轻人、重外轻内的各种拜物教及人的异化,且与梨洲(黄宗羲)、船山同调,高扬耿介不阿的"豪杰精神"。
> 其次是人文精神的阐扬。这是把道德自我作为精神主体的合乎逻辑的展开,历史地总结中西人文思想的成就和异同,肯定了中国文化(哲学智慧、道德理想、艺术精神、人格境界、宗教意识等)的精神价值,提出了通过中西文化的洞察和返本以开新,展示未来人类文化(自由、

民主、和平、悠久等人文理想）的前景，并寄望于中国传统人文精神的发展能够融摄西方之科学、民主与宗教的精神精华，以创建这一理想的人文世界。

以上两个层面，颇与传统的内圣与外王、明体与达用、成己与成人等致思程序相应。最后是文化价值的哲学升华。这是通过对中国传统哲学的系统反刍，对西方哲学和印度哲学的进一步了解之后……将哲学系统扩展为以整个生命存在和心灵活动为基础，对人类文化的各种价值形态，对人类哲学的各种义理，进行哲学心灵的遍观和升华，即其最后完成的"心有三向""心通九境"的系统理论。

约而言之，从道德自我之建立到人文精神的阐扬，再进到文化价值的哲学升华，围绕着人，开展出人生、人心、人性、人格、人伦、人道、人极、人文的多层面慧解……君毅之学，人学也。[①]

笔者之所以长段引用以上原文，是因为萧萐父借解读唐君毅的哲学阐扬了自己对"人"的全面、多样的理解，

[①] 萧萐父.吹沙集[M].成都：巴蜀书社，2007：551-552.

这种理解当然超越西方启蒙时代对人的理解的褊狭性。

萧萐父对徐复观思想的阐扬,重视其对周初"忧患意识"的抉发,指出:

> 这种人文精神,以"敬"为动力,以"德"为目标,以"成己成人"的社会义务作为自己的行为准则和应尽之责,因而是一种自觉的道德理性……认定性善说是通向人的终极价值和安身立命的桥梁,是确定人的尊严和人与人相互信赖的根据。故由"性善"说可以推广为"仁政"说,确定人民的好恶为指导政治的最高准绳,即中国思想史中以道德主体性为基础的最高的民主政治精神,只是缺乏民主制度的构想。

萧萐父尤其重视徐复观对传统思想资源,主要是儒道资源中的自由精神、人格自由的诠释,指出:

> 他(指徐复观,下同)在孔孟儒学中发抉出道德自律与人格独立的主体性原则,他在庄学、玄学中又发抉出审美观照与艺术自由的主体性原则。他既肯定人不仅是道德主体,而且是艺术主体,也就承认了主体的多元化,人还

可以作为独立的认知活动的主体,政治与经济活动的主体,科技与宗教活动的主体。

他力求发掘中华传统文化中的人文精神,亦即主体自由的精神,高度自觉的忧患意识,不为物化的人道之尊。这是现代化价值的生长点,是传统与现代化的接合处。

萧萐父对徐复观哲学思想的讨论包含如下要点:人是全面的人,具有多元主体性;具体的现代人可以通过学习传统儒道思想资源,吸取"不为物化的人道之尊";而且说这就是现代价值的生长点,是传统与现代化的"接合处"。

萧萐父多次谈到人的有限性,人的缺失、弱点,人对自然与超自然的敬畏等,他不仅重视人文,尤其尊重、重视天与天道,尊重、重视地或自然,重视天地与人的贯通,重视世界上与本民族之大的宗教传统,全面理解个体人与天、地、他人、万物的关系,自身身体与心灵的关系。因为在中国哲学文化中,儒释道资源中,人文不与宗教、自然、科学相对立。由上即知,萧先生的现代"人论"是很丰富的,这才是"人"的真正的"再发现"。

三、既走出中世纪，又走出现代性

康德是在启蒙运动与宗教改革之后，在当时的德国而不是法国的背景上谈启蒙的。康德所谓的"启蒙"，即人要有勇气摆脱不成熟的状态（从不成熟状态中觉醒），勇于运用自己的理性。康德哲学包含"人就是理性、理性就是人"的看法。启蒙在一定意义上是对理性的普遍性的高扬。启蒙理性与科技的片面发展或所谓现代性带来人的异化，导致人的整个生命的被肢解，人变成理性的工具，人变成物化的对象，人不可能成为真正的主体，人丧失了自己的全面性。

针对康德"什么是启蒙"的问题，福柯在200年后解释，启蒙即"出路"。萧萐父也是主要探讨"出路"的。据韩水法研究，这种解读意涵着："启蒙既不是一个凌驾于所有人之上的理性的纯粹的运动，也不是人类的一个群体对另一个群体，一个族类对另一个族类，一个人对另一个人的教化。每一个个体作为自为者都是启蒙的主体；与此同时，每个主体对于任何一个主体都可以是，或者应当是一个批判性的主体……他本身就承荷启蒙和驱动启蒙。"

萧萐父对于西方近代以来的个人主义、片面民主、工具理性、唯科学主义等给予系统批判,对传统人文精神与西方人类中心主义的人文精神的差别有过系统的论说。

萧萐父的思想、精神中有显隐之两层,显性的是"走出中国中世纪",隐性的是"走出西方现代性",这两层交织一体,适成互补。我们对萧先生的思想,不能只突出其任何一面、一层。萧先生主张"两化",即中国传统文化的现代化和西方先进文化的中国化,把"全球意识"与"寻根意识"结合起来。他批判了理性过度膨胀所带来的生态灾难与人之生命的迷惘,批判了历史的虚无主义与道德价值的相对主义。他强调民族文化的自我认同与当代中国伦理共识的重建,多次参与国际性的"文化中国"的讨论。

萧萐父也多次参与国际性的"文明对话",一贯充满了文化包容意识与多元开放心态,摆脱东西方中心主义。他说,"对世界文化的考察要摆脱东方中心或西方中心的封闭思考模式,走向多元化,承认异质文化的相互交融",强调"东方与西方有共有殊,东方各民族之间、西方各民族之间也各有同有异"。他主张尚杂、兼两、主和的文化观，在差异、矛盾、对立中互动。这些方法也包含着"走出中国中世纪"与"走出西方现代性"的兼有、差异与互动，一体两面之交叉互动。当然，他的主要思路是，只有从现代性才能走出现代性。

综上所述，萧萐父针对国家、民族文化（尤其是政治文化）建设的现实、紧迫问题，着力于引入西方启蒙理性与启蒙价值，特别是发掘中国传统中与之相契合、相接植的因素（如他深入研究的明清之际思想家们的新思想萌芽等）。但我们不能忘记的是，萧先生是一位东方的、中国的、有底蕴的知识人，其论说启蒙的时代又是20世纪80年代至21世纪的开端，在现代性的弊病暴露无遗之际。在这种背景下，由这样一位中国杰出的诗人哲学家，一位生命体验特别敏锐的思想家来论说启蒙，其启蒙意涵已不是西方近代启蒙主义的内容，而恰恰超越了启蒙时代的启蒙精神，包含了诸多反思启蒙或启蒙反思的内容。他实际上有着双向的扬弃，意在重建中华文化的主体性。看不到这一点，那就低估了萧先生的思维水平与他的启蒙论说的意义。

第四章　芳情不悔说船山　笔隐惊雷俟解人

——萧萐父与船山学

"万物昭苏天地曙，要凭南岳一声雷。"1619年10月7日子时，思想家王夫之（1619—1692，世称"船山先生"）于华夏之南的芙蓉国度诞生。船山以"六经责我开生面"的浩然气魄汲取百家精髓，于经史子集各部皆深有所思、所著、所成。爱国主义和民族大义是王船山君子人格的核心要义，这种品格不仅展现在船山的理论著作中，还在其坚韧不拔的生命历程中体现得淋漓尽致。

萧萐父先生是著名的船山学专家。他对船山的研究约可分为三个阶段，以1962年、1982年、1992年纪念船山逝世270周年、290周年和300周年为契机，三阶段都各有代表作。萧先生研究的特色有四：其一，投注了情感，焕发了诗意；其二，深研明清之际早期启蒙思想家共同体，尤其阐发了船山的新贡献；其三，建构了船山哲学的逻辑范畴系统,推进了研究方法论;其四,培养了学生,形成了团队,传承了学术。

萧萐父对先哲王夫之情有独钟,一辈子研究船山学,成果颇丰,创获尤多。

一、船山学研究的三个阶段

萧萐父研究船山学,大体分为三个阶段。

第一阶段是20世纪50年代末至60年代初,代表作是他于1962年船山逝世270周年,湖北、湖南两省在长沙合办的王船山学术讨论会上提交的论文《王夫之哲学思想初探》和《浅论王夫之的历史哲学》。这次会议的发起人和主持人是时任武汉大学校长、哲学家李达先生。萧先生这两文是重头文章,中华书局1965年出版的会议论文集《王船山学术讨论集》(上下册),将两文分别放在哲学类第一篇和史学类第二篇(第一篇是史学家姚薇元先生的文章)。唐明邦先生也提交了两文,即编入论文集哲学类第三篇的《〈周易外传〉的若干辩证法思想》和附录中的《王船山史迹访问记》。唐先生曾带学生于1961年底到长沙与衡阳市县调查20多天,探访遗迹,访问老者,搜阅到不少珍贵资料。湖北省知名学者席鲁思、彭雨新（以上为武汉大学教授）、刘先枚等出席了研讨会，发表了论文。为准备纪念王船山逝世270周年学术讨论会，湖北学者先行开了一次预备会，讨论船山学术，只为打磨、研讨提交研讨会的论文。以上足见湖北学界对船山学术讨论会的重视。

第二阶段是20世纪70年代末80年代初，代表作是萧萐父1979年撰写的《王夫之矛盾观中的"分一为二"与"合二而一"》（又名《王夫之矛盾观的几个主要环节》）和1982年湖南衡阳举办的纪念王船山逝世290周年学术讨论会上提交的系列论文（《王夫之氤氲生化的自然史观》《王夫之理势相成的人类史观》《王夫之认识论的辩证法》）组合成的大文章《船山辩证法论纲》（又名《王夫之辩证法思想引论》）。以上两文收入湖北人民出版社1984年出版的、萧先生主编的《王夫之辩证法思想引论》，后者又收入湖南人民出版社1985年出版的《王船山学术思想讨论集》。这两本书，为1982年湖北省、湖南省分别组织召开的、纪念王夫之逝世290周年的会议论文集。李德永、唐明邦老师及湖北学界的舒默、钟兴锦、冯天瑜、罗炽、许苏民等师友都参加了讨论会。当时我们恰好在萧先生门下攻读硕士，躬逢其盛，聆听了先生讲王夫之的专题课，参与了先生讲义、论文的讨论与整理，又蒙先生不弃，亲自指导修改了不成熟的拙文，在先生提携下，参加了"两湖"合办的两次王船山学术讨论会。（1979级硕士生学长萧汉明、蒋国保、李汉武、刘春建等，1981级的我与李维武、黄卫平、舒金城，及一些学弟学妹，都不同程度地参与其事。）萧先生这一时段宏观地讲中国哲学启蒙的坎坷道路，微观地讲王夫之哲学，尤重王夫之哲学范畴体系的建构。难能可贵的是，他不仅自己深入研究，而且启发诱导，带动"两湖"，尤其是湖北省哲学史学会的同人，特别是扶植后学做船山学研究。他花了不少时间精力做学术组织工作，指导修改青年学者、学生的论文。1982年秋，湖南衡阳的王船山学术讨论会，萧老师、唐老师带我们好几名研究生去了，对我们要求甚严，会前及会议期间，两度专门开会，让我们虚心向与会的专家学习，认真听会，积极参与讨论，批评我们想借会议游山玩水的思想苗头。

第三阶段是萧萐父晚年，20世纪90年代至2008年去世，属于学术总结的阶段。1993年底，江西人民出版社出版了萧先生的《船山哲学引论》，主要汇编了他前两阶段研究王夫之的成果，还附录其研究黄宗羲、傅山、晚明学风的论文。这一著作当然是萧先生研究王船山的代表作之一。在此期间,萧先生的代表作应为《船山人格美颂——为纪念王船山逝世三百周年作》(又名《王船山人格美浅绎》),收入罗小凡、王兴国主编的《船山学论》(船山学刊社,1993年版)和先生的《吹沙二集》(巴蜀书社,1999年版)。此文言简意赅,富有深意。该文的写作背景是作者遭逢生命中的坎坷,两年不许招生授课。在这种背景下,萧先生的内心世界与船山发生共鸣,尤为呼唤做人的担当,歌颂独立不苟的人格与真善美境界的追求。这一阶段的、同时是先生研究船山的总的代表作,应是萧萐父与许苏民教授合著的《王夫之评传》,这本书于2002年由南京大学出版社出版。

许苏民早在20世纪70年代,在萧萐父、唐明邦、李德永等下放到襄阳分校时,就从学于先生们,从萧先生为本书写的弁言与跋语中可知两位作者合作默契。本评传全面研究了王夫之的时代、生平、哲学、史学、道德伦理、政治经济、宗教、文艺美学思想,最后讨论了王船山及其思想的历史地位与历史命运。本书综合了萧老师有关的学术研究成果,但因先生晚年病痛缠身,精力有限,本书与《明清启蒙学术流变》一样,有的部分由许苏民执笔,有的部分由先生亲自执笔，美学思想部分则由高华平执笔。但两书的大纲细目，全是萧先生亲自拟定的，最后先生通读并改定全书，十分辛苦。两书所有资料都是从第一手搜寻而来的。萧先生与苏民学兄仔细通读了岳麓书社校订的《船山全书》及有关资料，并且不止一遍。所有引文都曾反复校核，在解释上都曾反复思考、打磨。苏民学兄有很高的哲学智慧，以及深厚的哲学史修养与训练，而且著作等身。当然，以上两书都是两位作者通力合作而成，其灵魂是属于萧先生的。正如许苏民说过的，《明清启蒙学术流变》和《王夫之评传》皆是先生毕生研究的心血结晶。

以上三阶段即以1962年、1982年、1992年为中心，以纪念船山逝世270周年、290周年和300周年为契机，最后在2002年出版了《王夫之评传》，纪念船山逝世310周年。

二、船山学研究的成就与特色

以下说说萧先生研究船山学的成就与特色。

（一）投注情感，焕发诗意

1982年秋，萧萐父在纪念王船山逝世290周年学术讨论会后敬谒船山故居，作湘西草堂题咏若干首，而后又发展为湘西草堂杂咏十首，表达了他的心声。以下选录五首：

芳情不悔说船山，弹指湘波二十年。
今日涨溪忆风貌，芷香芜绿梦初圆。

姜翁痴绝和梅诗，慧境芳情永护持。
雪后春蕾应更妩，愿抛红泪沁胭脂。

衡岳钟灵岂二贤，邺侯书卷石头禅。
翩翩少年订行社，冲破鸿蒙别有天。

雪儿红豆少年诗，梦断章江月落时。
天地有情容祓禊，雷风相薄孕新思。

当年瓮牖秉孤灯，笔隐惊雷俟解人。
三百年来神不死，船山应共颂春芳。

第一首诗的首句"芳情不悔说船山"，我们不可轻忽其意。"文化大革命"期间，萧萐父曾被批判，说他潜心研究王船山是搞封建主义，走"白专道路"。那十年，萧先生在繁重的体力劳动之余，仍在牛棚偷偷地读王船山的书，并以船山精神激励自己。他一生以船山为师友。

萧萐父不仅倡导诗化哲学，而且是实践者。萧先生的诗，情文并茂，情理交融，有甚深意味。这里有衡山的风景、典故，有船山的行迹、著述、思想、精神以及先生的评价。第三首题岳麓书院，明显反对正统思想，肯定传统的多元多样。衡山有二贤祠，纪念朱熹、张栻，二贤与岳麓书院有不解之缘。萧先生则认为船山不亚于二贤，并把他与唐宰相李泌、禅宗一派宗师石头希迁等，与衡岳有关的大家相提并论。

学术研究要不要带感情？1982年在衡阳举办的纪念王船山逝世290周年学术讨论会上，有的专家针对萧萐父的论文中的观点提出批评，认为对研究对象不能带有感情，应做纯客观研究，如果研究谁就爱谁，容易拔高研究对象，那将无益于学术研究。这当然有一定道理。萧先生作了回应，这就是他的《历史科学与历史感情》一文的背景。萧先生认为，个人好恶，确应避免，但历史研究要设身处地，知人论世，才能理解古人。他指出，应区别两种感情：一种是主观的偏爱偏恶，是私情；另一种是在客观冷静科学分析的基础上,通观全局,综合多侧面情况而产生的一种历史感情,一种具有历史感的价值判断,即符合历史趋向的"公情"。他认为对以王夫之为代表的明清之际思想家产生一定情感,与历史的前进性是一致的。笔者认为这还说得不够,研究者对研究对象产生感情,也是人之常情,有感情才有研究的动力。当然,研究时的理性分析更重要,理性与情感应互济互动。

萧萐父晚年自号姜翁,与船山心心相印。《俟解》本是船山的一本书,萧先生的诗"笔隐惊雷俟解人",即化思想、著作于诗句,表明他与船山的心灵相通。萧萐父与船山都喜诗,都爱梅,都说梦,都有慧境芳情。

(二)深研共同体,尤重此个案

萧萐父把王船山放在明末清初的文化背景及早期启蒙思想家群体中予以研究,继承侯外庐先生早期启蒙的讲法,并扩而大之,又掘井及泉。他有诗云:

> 船山青竹郁苍苍,更有方颜顾李黄。
> 历史乐章凭合奏,见林见树费商量。

萧萐父认为明末清初学术范式与风格有了重大转型，离开、扬弃了宋明道（理）学主潮，转向经世致用、格物究理之学，由虚返实，成为中国学术近代化蜕变之滥觞。李贽、顾炎武、黄宗羲、傅山、王船山、方以智、陈确、唐甄、颜元、李塨等思想家，形成一共同体，激荡起新思潮。这一思潮摆脱宋明道学的"囚缚"，实现学术的多元转向，并在哲学上有所创新。例如，萧先生指出，这种转向，还不只是所谓的由宋学转向汉学，由性理空谈转向经学考据，值得重视的是此期间的通史之学、诸子之学、新兴质测之学，以及披着经言、考证、复古等外衣的启蒙思想，这些思想继续发展，直到与近代传入的西学合流。前述的萧萐父与许苏民合著的《明清启蒙学术流变》，对这一思潮之总体及主要代表人物作了深入探讨，是有关这一断代思想史的扛鼎之作。

在明末清初早期启蒙思潮中，萧萐父尤重王船山的研究，抉发了船山在思想史上的特殊贡献。萧先生认为，船山以"入其垒，袭其辎""六经责我开生面""推故而别致其新"的方式，遵循哲学史发展的内在逻辑，从思想实质上总结并终结了宋明道学。在本体宇宙论上，船山以"气本"与"气化"相统一的理论，取代朱熹、王守仁，复归张载之"正学"。在人性论上，船山以"性日生日成""未成可成，已成可革"的创见，总结、超越了宋明道学有关人性问题的争论。在认识论上，船山以"己""物"相依，"知""行"统一，"以理御心""入德凝道"的系统学说，把宋明时期的致知理论推进到一个新的水平。在人文主义方面，船山以"依人建极"的原则，深入"古今之变"的研究，创立"理势相因""人文化成"的历史进化论。由此出发，在"天人""理欲"关系问题上，摆脱宋明道学"理欲"对立、"存理灭欲"的旧思想轨道，提出并论证了人不能"任天而无为"，而应当"竭天成能""与天争胜""以人道率天道"，成为天地的主人。船山认为，理欲并非对立，而是"有欲斯有理"，不能"禁欲"，也不能"薄于欲"，应当满足人的自然欲求，在丰富的感性活动中去充分实现人的价值和人的本质。船山还呼唤体现"大公之理"的"明日之吾"，乃是一个早期启蒙者所向往的自我意识的觉醒。以上是萧萐父总结的王船山有别于前贤的哲学创慧。

（三）建构了逻辑范畴系统，在方法论上有推进

20世纪80年代初，我们在萧先生门下读书学习的时

期，老师尤其重视哲学范畴史研究，这也是当时中国哲学史学界的整体氛围使然。在研究方法论上，萧先生突破唯物主义与唯心主义的"对子"结构，强调并落实逻辑与历史相统一的方法论原则。

比如，论船山的氤氲生化的自然史观，萧萐父是抓住船山的如下范畴来展开的：第一部分从"氤氲"到"两、一""分、合"，到"动、静"，到"化、变"，到"内成、外生"，到"始、终"。第二部分，论船山的理势相成的人类史观，萧先生首论"人极"，接着是"古、今""道、器""理、势""时""几"，到"相反而固会其通""变而不失其常""即民以见天""援天以观民"。第三部分，论船山的以理御心、入德凝道的认识辩证法，萧先生从"知"与"能"开始，到"己"与"物"，到"心"与"事"、"心"与"理"，到"道"与"德"，到"知"与"行"，最后到"实践"。第三部分，即认识辩证法，笔者最熟悉，因为我参与了这一部分的整理工作。

这些范畴体系是今人的建构，当然不是王船山的原意。这种建构是凭今人的知识结构、哲学意识与对船山哲学的理解而来的，极有可能是创造性误读。一方面，因为抽绎出的范畴，离开了具体文本而自由解释，可能失真，而范畴之联结，系统之架构，可能太过主观。另一方面，杂乱无章的哲学史材料堆积如山，不可能不经过整理。萧萐父在方法论上有推进，不再是关公战秦琼式的两军对战式（唯物与唯心、辩证法与形而上学），强调逻辑与历史的统一。这种统一，如何拿捏得好？萧先生有论述，有实践，既防止逻辑偏胜，逻辑压制历史，失去丰富性与偶然性，又防止杂而无统，沉溺在史料中拔不出来。

三、引领船山学研究

萧萐父在船山学研究方面培养了两代学生，形成团队，传承学术。

萧萐父从个人深入研究到引导友生研究，发动武汉大学师生，进而联络湖北学者，配合湖南学者，促进两湖、中南，乃至全国中国哲学史界的学人投入船山学研究。萧先生呕心沥血，悉心培养、提携了两代学人，从我们前面提到的诸学长，到现在活跃在明清之际与王船山等学术领域中的吴根友、邓辉教授等。学术靠一代代学人传承。

王船山曰："学成于聚，新故相资而新其故；思得于永，显微相次而显察于微。"萧萐父是船山哲学研究的典范,他的为人为学之道,启迪着后生。我们要继承萧先生德业双修的传统,在船山学乃至中国哲学研究上"推故而别致其新"。

第五章　蜀学渊渊积健雄　几代灵根育大家

——萧萐父与近现代蜀学

中国历代文化人几乎都难以离开乡土风教的影响，而乡土风教的形成和发展又是因缘和合而成。近代四川大家辈出，成就斐然。萧萐父无疑是走出夔门的又一位文化大家。他把一生贡献给中国哲学思想研究及教书育人工作，为后人树立一座丰碑。萧先生一生有浓厚的家乡情结，受到四川学人的各方面影响，对古今四川学人如数家珍，推动了近现代蜀学的研究。蜀学博大精深，源远流长，而拙文所谈只限于近现代蜀学中的一小部分，班门弄斧，不甚惶恐之至。

一、近代蜀学与中西文化相资互补

巴蜀自古多文士，到了近代，蜀学进入一个空前发达的时期。清末张之洞任四川学政之后，在四川效仿诂经精舍、学海堂、南菁书院等知名书院而创办了尊经书院。书院的成立使川中青年学人接触到清代经史考据之学。张之洞在任上写作的《劝学篇》《輶轩语》《书目答问》等书，不光影响了四川学人，更惠及全国读书人，至今不衰。

廖平（又名廖季平）、宋育仁等一大批近代知名思想家，都曾肄业于尊经书院。他们不仅了解了朴学的一般范式，而且能独出心裁、开启新知。例如，经学家廖平便能突破旧范式，开创蜀学，功不可没。廖先生曾经用《王制》《周礼》二经所载礼制来划分今古文经学，此一大发明为前人所未道及，而后来的经学及经学史研究多无法回避廖先生"平分今古"的学术主张。廖先生还非常自信地说过："欲集同人之力，统著《十八经注疏》，以成蜀学。"[1]同时，他强调："昔陈奂、陈立、刘宝楠、胡培翚诸人在金陵贡院中，分约治诸经疏，今皆成书。予之所约，则并欲作注耳。"[2]廖先生不满于东南学者烦琐的经史考据之学，要用他所建立的经学体系来重新注释群经。在

---

[1] 廖平.今古学考[M]//廖平.廖平选集（上）.成都：巴蜀书社，1998：89.
[2] 同上。

这里，我们看到廖先生对于突破旧学的自信和胆识，也正是这样的勇气使廖先生赢得世人之敬仰。四川盆地虽地处西南，然外来新知却能顺利涌入，不少学人也走出夔门，甚至远渡重洋，带回新知。①

萧萐父的父亲萧参先生，也是近代蜀学的代表人物。他出生于四川井研县，与廖季平先生同乡。仲仑先生曾私淑于季平先生，季平先生还是师祖父母仲仑先生与杨太夫人正萱（字励昭）先生的证婚人。廖先生晚年曾较长时间借寓于仲仑先生自宅"叒芨"之内，还将自己整理的《内经》手稿赠与仲仑先生。仲仑先生乃蜀中狷洁独行之士，老同盟会员，辛亥后学优不仕，教书为生，有道家风骨，又精于医道。杨励昭先生也善诗词、工书画。仲仑先生一生"述而不作"，他所批阅过的书，天头地脚上都满满地留下了批语，《庄子》《楚辞》尤为他所钟情。

---

① 唐君毅的父亲唐迪风于20世纪20年代从南京内学院返川后任教重庆，"又与好友彭云生、吴芳吉、蒙文通、刘鉴泉等创办'敬业书院'，被推为院长。学院旨在承继晚清以来张之洞、王闿运、刘申叔、廖季平等相继讲学蜀中所倡导的博通学风。唐迪风先生又曾任教成都各大学，与声气相投的蜀中学人，如龚向农、林山腴、赵少咸、李培甫、祝纪怀、萧中仑、庞石帚、夏斧私、杨叔明等相友善，互相砥砺学行"。

萧萐父. "富有之谓大业" [M]// 萧萐父. 吹沙二集. 成都：巴蜀书社，2007：484.

著名哲学家唐君毅先生曾在回忆青年时代的文章中,谈到仲仑先生为他讲授《庄子》的情景,在他心中播下了一生玄思才情的种子。唐先生说自己"十一岁时入高小,是成都省立第一师范附小。我记得每周星期一第一堂是修身,由省立第一师范校长祝屺怀先生亲自教授。国文是萧中仑先生教。第一篇是《庄子》的《逍遥游》,第二篇是《庄子》的《养生主》。萧先生要我们背诵抄写。对于高小学生,以《庄子》为教材,现在人一定要以为太不适合儿童心理。但是我对'北溟有鱼''庖丁解牛',当时亦能感趣味。我后来学哲学,亦许正源于此。"

仲仑先生一生涵濡于中国文化传统之中,深造自得,不事著作,每有独见,我们今天从他的友朋著作中尚能窥见其论学的精要。他的挚友蒙文通先生在其著作中便偶有引述。仲仑先生生前批览的书籍,后来悉数捐给了成都县立中学。

萧仲仑先生是一位才情纵横的诗人,今天我们尚能通过其诗词残稿来想象其为人之风尚。他不但是一位旧学功底深厚的学人,同时胸襟开拓,关怀现实,曾于1924年作有一首《调寄台城路·挽中山》,其中有云:"日沉星陨燕云黯,苍苍未醒天梦。马克思心,安那其义,等是无人知量。"由此看来,他是一位心系民族兴亡且能够接受新事物的文士,非老派顽固文人可比。

在萧仲仑先生身边还聚集着一群对中国传统文化别有慧心之士,如蒙文通、彭云生、向宗鲁、赵少咸、庞石帚等。至今,我们还能见到仲仑先生与他们的唱和之作。清末民初以来,四川盆地内出现一大批卓越的国学大家,他们或精于经史考据,或精于声律辞章,或精于书画文玩,或精于义理思辨,为后人留下了大量学术文化成果。

四川为什么会在这一个时间段内涌现如此众多的杰出学人文士?我想除了尊经书院之创办外,可能还与蜀学自身的品质有关。刘咸炘在《论蜀学》一文中就说过:"统观蜀学,大在文史,寡干戈之攻击,无门户之眩眛。"① 他还说:"吾蜀介南北之间,折文质之中,抗三方而屹屹。"② 四川学人胸襟开阔,兼容并蓄;在一个新旧更替的时代,四川学人旧学深厚,熟读经史,但更重要的是,他们不囿于成法,新旧两得。蒙文通先生是萧萐父先生一生都非常尊重的蜀中前辈学人,也是萧老师与师母结婚的证

---

① 刘咸炘.蜀学论[M]//刘咸炘.推十书.成都:成都古籍书店,1996:2101.
② 刘咸炘.蜀学论[M]//刘咸炘.推十书.成都:成都古籍书店,1996:2100.

婚人。而蒙文通先生在四川又有不少志同道合的学人，其中就有刘咸炘、唐迪风等。这一时期的蜀学是空前发达、异彩纷呈的，值得我们共同来作深入细致的研究。

可见，所谓近代蜀学，是指廖平及受他影响的蜀中学人之文化共同体，在清末至民国之文化转型期，对中西文明所作的深刻反思之学。

萧萐父一生致力于中国文化、中国哲学的研究，沉潜含玩，悠然自得，成为当代中国哲学史研究的大家。在我的记忆中，萧先生课上课下，经常是廖季平、蒙文通不离口。我们在梳理萧先生思想遗产的时候，已经深深感觉到，如果不能深入近代蜀学的发展历程之中，便难以一睹先生学术思想之全豹。唐君毅先生说过："《怀乡记》则是表示我对中国之乡土，与固有之人文风教的怀念。此实是推动我之谈一切世界中国文化问题之根本动力所在。"萧先生精于明清思想之研究，尤其对于王船山思想的研究，取得了令人瞩目的成就。他到了晚年还反复思考近代四川学人的学思，如廖平、蒙文通、刘咸炘、林山腴、赵尧生、周太玄、唐君毅等。除了萧先生个人生活经历中有着蜀中贤士的身影之外，还有一个重要的原因，那就是近代蜀学是中西文化交融的多棱镜。

萧萐父曾经这样评述"天才学人"刘咸炘的思想：

衡论先生之学思成就及其历史动力，似宜更深一层，将其纳入当时整个时代思潮而观其动向，与并世同列相较而察其异同。他生当晚清，面对"五四"新潮及开始向"后五四"过渡的新时期。中西文化在中国的汇合激荡，正经历着由肤浅认同到笼统辨异，再向察异观同求其会通的新阶段发展。在其重要论著中，已有多处反映了这一主流文化思潮的发展趋势；通过对比中西思想文化的异同，而力求探索其深层义理的会通，找到中西哲学范畴的契合点。①

萧萐父从一个更加开阔的视域来考察刘咸炘思想。他晚年特别重视刘咸炘思想的研究，将刘咸炘思想视为近代启蒙思潮发展史上的重要一环；他向我们说明，在"守旧"与"开新"之间并不存在矛盾，二者可互为条件。记得萧先生说过，20世纪40年代，他在朱光潜先生的课堂上第一次听说了意大利思想家克罗齐的名字，也由此接触到

---

① 萧萐父.《推十书》成都影印本序[M]//萧萐父.吹沙二集.成都：巴蜀书社，2007：485-459.

其思想，欣喜异常。但让他感到意外的是，他在晚年阅读《推十书》时，偶然发现刘咸炘已于20世纪20年代就读到过克罗齐的译著，并且留下了中肯的评述。一生未曾出川的刘咸炘并非仅仅埋头古书，而能涵化新知，所以萧先生说他的学思正说明了"由肤浅认同到笼统辨异，再向察异观同求其会通的新阶段发展"——而这正是"后五四"时代的象征。萧先生纵横古今，将四川学人的思考纳入其大系之中，其用心就是要阐明中西文化交融互动的重要性，以及中华文明之路具有其独特性。

萧萐父以刘咸炘的例子向我们进一步说明其明清早期启蒙观的要旨，他要从中国文化传统中寻找自己的现代性的根芽，强调本土文化中孕育了现代性。萧先生主张中国式的启蒙，是中华文化主体的彰显，而不是全盘西化与全盘式的反传统。萧先生驳斥了中国自身不能产生现代性因素的西方偏见，这就疏离、超越了西方中心主义，同时蕴含了"启蒙反思"。由此，我们可以说，萧先生的启蒙观当中有显隐之两层：显性的是"走出中国中世纪"，隐性的是"走出西方现代性"，这两层交织一体，适成互补。我们对萧先生的思想，不能只突出其任何一面、一层。萧先生主张"两化"，即"中国传统文化的现代化和西方先进文化的中国化……要把'全球意识'与'寻根意识'结合起来。"①他曾批判理性过度膨胀所带来的生态灾难与人之生命的迷惘,批判历史的虚无主义与道德价值的相对主义。

刘咸炘深于旧学,生前又阅读了大量西方译著,对于中国现代化仍表担忧,他已经认识到物质主义、人的片面发展对于社会整体带来的必然结果,他相信儒家人文道德的普遍性。刘先生曾担忧地说:"炘尝谓今之人且勿论知儒知道喜宋喜明,只要省得身心问题,已是难得。以是吾党今日当极力提出此问题,指点与人。"②"省得身心问题"就是希望人反躬自问,体悟自我的道德良知。刘先生已经痛感时人道德的丧失,青年学人只注重知识的学习、智力的开发,而未尝省悟自己的良心。在世人皆以"进化论"为不二真理的时候,刘咸炘说:"自进化论兴,覃及诸学,而一切旧说凡近于退化循环者,悉被斥为腐朽。苟详察之,则其不可信之处固多矣,而盲从浑吞者弗察也。"③实

---

① 萧萐父.世纪桥头的一些浮想[M]//萧萐父.吹沙二集.成都:巴蜀书社,2007:66.

② 刘咸炘.复蒙文通书[M]//刘咸炘.推十书.成都:成都古籍书店,1996:2209.

③ 刘咸炘.推十外书·进与退[M]//刘咸炘.推十书.成都:成都古籍书店,1996:632.

际上，刘先生怀疑西化主义的单线进化论与近代的"进步观"，正是希望学人能够冷静地作"启蒙反思"。

萧萐父的启蒙观体现了中国文化自身的连贯性，在思想史内部寻找出一条辩证逻辑发展的主线。萧先生在《蒙文通〈理学札记与书柬〉读后》一文中这样说道："蒙文通先生所提出的学术任务，仍然是我们探讨宋明清哲学应当注意的方向性问题。前辈学者在正确方向下艰苦探索所达到的终点，应当是我们继续探索、推陈出新的起点。"[1]这段文字应当视为萧先生治学的深切感言。蒙文通先生作为一位死守善道的儒家，他在人生最后的时间中还在独自研究理学，并认为理学在宋明清时期有一个逐步发展的过程，而陈乾初恰是理学发展史上的集大成者。蒙先生将理学视为一个逐步发展的过程。天不假其时，蒙先生最终未能作出一部理学发展史的系统著作，但是萧先生肯定了蒙先生在理学研究中的基本论点，并希望承接其研究开展明清思想的研究工作。

---

[1] 萧萐父.蒙文通《理学札记与书柬》读后[M]//萧萐父.吹沙集.成都：巴蜀书社，2007：492.

二、继承近代蜀学精神

萧萐父出生、成长、求学于四川,师承蜀中贤士,接受了严格的国学训练,在青年时代便已在中西哲学方面打下了深厚基础。今天我们研读萧先生的著述,可以感受到他在用思想家的眼光来考察思想史、哲学史,是有思想的学问家,也是有学问的思想家。下面略陈先生为学精神与近代蜀学精神的会通之处,以就教于方家。

第一,萧萐父堂庑很宽,视野开阔,所谓"坐集古今中外之智"。他希望自己与同道、学生都尽可能做到"多维互动,漫汗通观儒释道;积杂成纯,从容涵化印中西"。在他个人的著作中,儒释道三家思想皆有涉及。另外,他早年在武汉大学哲学系读书时候,便已打下了坚实的西方哲学基础,他的本科毕业论文《康德之道德形而上学》,至今仍为专家称道。

萧萐父跳出了一元论的框架,重新对思想史上的异端、边缘人士作了"同情之了解"。他一生的研究多集中于明清时代,尤其是明清鼎革之际,其关键或许就是在此时代中,诸种学术思想流派能竞相登场,各领风骚。他说:

明清之际，"天崩地裂"的社会动荡，"破块启蒙"的思想异动，在中国历史上是空前的。在这空前的变局中，学术思想出现了新的整合，活跃于整个中世纪的思想异端，开始蜕化为力图冲决网罗、走出中世纪的新的启蒙意识。这一思想的重新整合和蜕变的过程，是极为复杂的，但先秦子学的复苏，长期被目为异端的《老子》《庄子》《列子》思想的引起重视和重新咀嚼，无疑是一个促进的重要因素。①

萧先生立足于明清思想史的研究，通盘考察中国哲学思想史的发展线索，多元并观，自出新意。这不禁又让我们联想到廖季平先生、蒙文通先生等。他们不仅在儒学、经学的研究上作出巨大贡献，而且涉猎其余，考察不同学术流派的互动，往往能发前人未发之覆。萧先生晚年常常回忆自己早年亲炙于蒙文通先生的情景，他说蒙先生为人豪爽，有侠士之风，这种气度表现在学问上，不拘于一面，贯通圆融，自成一体。他这样评价蒙先生的学问：

---

① 萧萐父.道家·隐者·思想异端[M]//萧萐父.吹沙集.成都：巴蜀书社，2007：170.

"淹贯经传,博综子史,出入佛典,挹注西学,超越今、古、汉、宋之藩篱,融会考据、义理于一轨。"①我想这也是萧先生一生为学追求的境界。他还重视道教、佛教,重视地域文化,都与蒙文通先生有关。

萧萐父反对将中国思想文化一元化,甚至于在论述中国文化起源的时候,也接受了近代学人的古史多元论,他说:

就中国作为东方大国而言,我们祖先从猿分化出来在亚洲东部这大片土地上战天斗地的文化创造,也是多源发生、多维发展的。且不说新石器文化遗址已发现七千多个,遍布全国,经过长期斗争、融合,早形成海岱、河洛、江汉等三大史前文化区,又经过夏、殷、周三代的进一步发展,更形成燕齐、邹鲁、三晋、秦陇、荆楚、巴蜀、吴越以及辽阳、西域等地区性文化,其传统文化心理的特点,至今在民俗、文风中尚有遗存。②

---

① 萧萐父.蒙文通与道家[M]//萧萐父.吹沙二集.成都:巴蜀书社,2007:211.
② 萧萐父.道家·隐者·思想异端[M]//萧萐父.吹沙集.成都:巴蜀书社,2007:149.

从中，我们可以清晰地看到他受到蒙文通先生"古史三系说"的影响。古史多元论无疑是近代学术思想史上的一大突破，它突破了上古历史一元论。萧先生接受了古史多元的观念，也为他说明中国思想文化的多元性找到更加有力的根基。

第二，萧萐父是一位充满诗情的哲人。他提倡"诗化哲学"，终身涵养于琴棋书画之中。对于哲学，他认为不光需要严谨的思辨，还需要有诗人的浪漫。他曾经这样解释：

> "诗与真""美与真""形象思维与逻辑思维"这些范畴都是互斥又互补的。强调哲学的诗化与诗的哲学化是中国哲学的一个好传统。"庄周梦蝶""贾谊哭鵩""屈子问天""荀卿赋蚕"，这些都是中国传统哲学里诗化的典型反映。"万物静观皆自得，四时佳兴与人同""我来问道无余说，云在青天水在瓶"。在情与理的冲突中求和谐，在形象思维与逻辑思维的互斥中求互补，在诗与哲学的差异中求统一，这些都是中华哲人和诗人们共同缔造的优秀传统。①

---

① 萧萐父."漫汗通观儒释道，从容涵化印中西"——访萧萐父教授[M]//萧萐父.吹沙三集.成都：巴蜀书社，2007：244.

《吹沙集》三卷,每卷之末都附有萧先生的吟咏之作,这也说明先生在实践他"在诗与哲学的差异中求统一"的主张。

萧萐父曾经总结自己研究中国哲学史的历程:"(20世纪)80年代我们由纯化的哲学史研究,转向了泛化的哲学史研究。"[①]所谓"纯化"就是要抓住中国哲学史内部的逻辑发展历程,但是中国哲学的特征还在于其"在情与理的冲突中求和谐",其发展的曲折、婉转都在于中国哲学家除了重视逻辑思维之外,也不漠视直观体验,更重视在现实世界的实践体悟。因此,我们可以把萧先生所讲的"泛化的哲学史研究"理解为一种讲逻辑与直观体验相结合的思想史。这也正说明了萧先生一生治学,都旨在发抉中国思想文化的特性。虽然他对西方哲学也有较深入的研究,但他不主张将中西哲学作笼统的比较,更不承认只有一种普遍的哲学形式。

萧萐父发挥王船山诗化哲学与历史文化慧命,指出:"船山多梦,并都予以诗化。诗中梦境,凝聚了他的理想

---

① 萧萐父."神州慧命应无尽,世纪桥头有所思"——萧萐父教授访谈录[M]//萧萐父.吹沙三集.成都:巴蜀书社,2007:232.

追求和内蕴情结。""船山诗化了的'梦',乃其人格美的艺术升华。"①萧先生自幼好吟哦,青年时代便曾自编诗集,在他的遗著中,诗作也占了不小的比例。萧先生正是在这些诗作中表达了他的哲思,记录下他的人生际遇,也反映出他一生嵚崎孤拔的人格。"孤山诗梦梅魂洁,四海交友处士多""史慧欲承章氏学,诗魂难扫瑟人愁",这些都当视为先生之自况。另外,在先生的诗作中,我们也读到他对于巴蜀人文风教的感念,他在《丙子除夕·七三初度》中有云:

七十三秋弹指过,几番勤奋几蹉跎。
峨峰缥缈诗心远,稷下峥嵘剑气多。②

其中,"峨峰缥缈诗心远"一句,即道出萧萐父骚心之渊源。萧先生一生数度上峨眉,在峨峰之间留下了诗篇。尤其值得一提的是,萧先生在武汉大学读大三的时

---

① 萧萐父.船山人格美颂[M]//萧萐父.吹沙二集.成都:巴蜀书社,2007:425-426.
② 萧萐父.丙子除夕·七三初度[M]//萧萐父.吹沙二集.成都:巴蜀书社,2007:768.

候，曾偕师母同游峨眉，写下了14首《峨眉纪游》组诗。没想到这14首动人心魄的诗作后来由原华西大学美籍教授费尔朴、加籍教授云瑞祥翻译，并选入诗集《峨山香客杂咏》之中。青年时代的萧先生便已经感受到巴蜀诗教的魅力，他的父母都是诗人，而父亲身边的友朋之中更不乏名士。应该说正是这样的气氛熏染出萧先生别样的情趣，他的才情在近当代中国哲学家中也非常独特，令人歆羡。

第三，萧萐父是一位心系民族兴亡、具有强烈使命感的思想家。他不是空守书斋的学人，把自己的所学所思都与民族命运紧密联系起来，是一位极具现实感的思想家。他强调为学与为人的精神要统一，人品端正的人才能将学问做好。他思考"明清启蒙思潮"的大问题，就是要说明解释中国近代化的重大议题。

自20世纪70年代末开始，萧萐父紧扣时代脉搏，从思想史角度说明文化开放、思想解放的重要性。他在1984年《关于改革的历史反思》的报告中说："通过历史的反思，应当提高历史的自觉，一方面自觉地清除封建阴影……另一方面，要坚持开放型的指导思想，敢于吸收世界各国的先进文化成果，大大提高我们的科学文化和理论思维水平。"①他把从万历以来的四百年历史分为两大阶段来详加考察,一为"从万历到'五四'",一为"从五四到今天"。在前一个阶段中,"三百年的文化运动就其主流而言呈现为一个马鞍形";而在后一个阶段中,"更深广地融摄西方文化及其发展的最新成就,通过对'西学'的真正消化,进而与中国文化中的优秀传统相结合,创建中国的新文化"。②那么,按照萧先生的论述,在当下的中国,便当进一步敞开学习西方优秀文化的大门,同时不忘中国自身文化的根本。

20世纪70年代末期,萧萐父还参加过真理问题的大讨论,指斥教条主义对中华民族所造成的伤害,呼吁民主,追求真理。在近代四川,一大批读书人加入同盟会,成为"保路运动"的主力军。萧仲仑先生就是一位从革命浪潮中全身而退的读书人。萧萐父一生心系民族文化兴亡的品质也来自太老师的直接引导,也离不开四川学人对他的影响。他青年时代同周太玄先生交往,后来周太玄先生的

---

① 萧萐父.关于改革的历史反思[M]//萧萐父.吹沙二集.成都:巴蜀书社,2007:31.
② 萧萐父.对外开放的历史反思[M]//萧萐父.吹沙集.成都:巴蜀书社,2007:46.

日记稿出现在成都旧书摊的时候,他异常兴奋。周太玄先生不仅是我国近代著名的生物学家,还是教育家、社会活动家、诗人。他与李大钊等人创立"少年中国学会",其宗旨就是要"振作少年精神,研究真实学术,发展社会事业,转移末世风俗"。

萧萐父得益于近代蜀学,又自觉继承了近代蜀学精神。下面,我们再看萧先生是如何努力使近代蜀学含弘光大的。

三、重识中华文明[①]

从20世纪80年代开始,萧萐父便已意识到蜀学浩瀚,如果不能作个案的研究,则结论往往易有偏失。因此,他十分注重蜀学的个案研究。萧先生不但随时关注其他学者的相关研究,而且耄耋之年的萧先生也希望自己有限的研究能够带动起更多优秀的学人加入蜀学研究的行列之中。以刘咸炘思想研究为例,萧先生于2001年致挚友钟肇鹏先生的信中说:"《推十书》影印再版已五年,仅一二篇文

---

① 本节写作过程中得到博士生向珂的帮助,特此致谢。

章提及，刘伯谷世兄尚在整理佚稿，争取出第四册。……甚望吾兄能挥毫写一篇评介《推十书》长文，亦蒙（默）、刘（伯谷）二丈一再叮嘱弘扬蜀学之遗意，不知吾兄印可否？"①2004年，我们为编《萧萐父教授八十寿辰纪念文集》，向各方师友征求稿件；钟肇鹏先生便赐稿《双流刘氏学术述赞》。结合2001年萧先生的信函来看，这篇文章应该也是钟先生响应挚友的请求而完成的。2001年时，评述刘咸炘学思的文章不过一两篇，萧先生"难以理解"。时隔十年，刘咸炘的《推十书》标点整理本已经出版，关于刘咸炘学术思想研究的优秀论文与专著也竞相出现。这不能不说是萧先生及其他热心蜀学研究同仁努力的结果。而他本人也身先士卒，完成数篇优秀的研究论文。这些论文至今仍有较高的学术价值，其论述对象包括蒙文通、刘咸炘、唐君毅等。下面，我们再简要论述一下萧先生对近代蜀中大家的研究。

蒙文通被公认为20世纪最为卓越的经史大家之一，而萧萐父不从经学、史学的角度来评介他，而选取理学、道

---

① 萧萐父."二〇〇一年萧萐父先生致函"影印件[M]//萧萐父.以文会友——钟肇鹏先生科研、写作六十年纪念文集.石家庄：河北人民出版社，2006：文前彩页.

家思想的维度，进一步显示出蒙文通学术思想的广博精深。萧先生于1980年撰写了《蒙文通先生〈理学札记与书柬〉读后》，这篇文章也是目前为数不多讨论蒙文通理学思想的精心之作。由于蒙文通先生关于理学未有专著，唯一留下数量有限的札记和书信，萧先生透过这些看似零散的文献，却认为：

"札记"部分系读书时随感漫录，尚未综理成文，但隐然有一贯思路，乃四十年《儒家哲学思想之发展》一文所附《后论》对宋明理学剖判之继续。其中或疏通旧说，展转发明；或采山之铜，自铸新意；或辨析疑似，评判得失；更多的是切身体验的涵泳反思，实为老一辈学者学贵自得、学以美身的心得记录。"论理学书柬"三通，直抒胸臆，尤为可贵，乃总结一生探究传统哲学、出入宋明诸子的思想经历。[①]

1980年正值我国改革开放之初，学术界刚从蛰伏中走

---

① 萧萐父.蒙文通《理学札记与书柬》读后[M]//萧萐父.吹沙集.成都：巴蜀书社，2007：482.

出，理学几被视为腐朽。但萧萐父能够平心从容地梳理蒙文通理学思想的基本线索。在《蒙文通与道家》一文中，他不但评述了蒙文通对道家之精深研究，还回忆蒙先生日常为人的道家风范。萧先生高度评价了蒙文通先生关于先秦道家思想的南北两系说，揭示其对"重玄"学派的研究意义，表彰了蒙先生辑校道书之不朽业绩。而这些评价，皆从萧先生的治学甘苦中得来。例如，1984年他在写作《秦汉之际学术思潮简论》一文中这样说：

1956年冬，曾侍座已婴风疾而仍谆谆诲人不倦的汤用彤先生，有一次我请教如何读王充书，汤先生蔼然指点应注意王充与秦汉道家的关系……因论及蒙文通先生有先秦道家分为南北两派之说甚精，至于秦汉之际道家似更有新的发展……当时初学，难体深意，迄今二十余年，自愧德业蹉跎，对前修指点，浅尝辄止，过耳或忘，未能闻一以知十。后读马王堆汉墓出土帛书《经法》等篇，益信司马谈所《论六家要旨》，实为秦汉之际发展的新思潮而并非先秦名家旧旨……忆及蒙文通先生于《儒学五论》中曾指出……深感汤、蒙诸前辈硕学所论，常中肯綮，足以启迪来学。只可惜《老子》甲乙本及《经法》等帛书出土时，汤先生、蒙先生均已先后谢世,再不能向他们问难、请教了。①

汤用彤称赞蒙文通道家思想之南北二派说,但蒙文通未具体梳理过秦汉之际道家思想的发展演变过程。萧萐父便进一步用新材料来梳理了道家思想从秦至汉的发展轨迹,说明了"太史公司马谈,作为当时最博学的思想家,以更开阔的视野和更高的理论思维水平,对秦汉之际流行于朝野的各派思想进行了深入剖判而归宗于新道家"。②而所谓"新道家"之说,正应对于蒙先生在《儒学五论》中提出的"新儒家"之说。可以说,萧先生在该文中的论述,乃是对蒙文通关于秦汉思想大论述的一种衍化。笔者在这里引述这一点,就是要说明萧先生研究蜀中大家,往往能重新展开诸家论述的问题,或引申,或证明,如此方能体会诸大家治学之甘苦。

萧萐父晚年最钟情刘咸炘的学术思想。1996年,他欣然为成都古籍书店影印的《推十书》作序,后来有单篇文

---

① 萧萐父.秦汉之际学术思潮简论[M]//萧萐父.吹沙集.成都:巴蜀书社,2007:203-204.
② 萧萐父.秦汉之际学术思潮简论[M]//萧萐父.吹沙集.成都:巴蜀书社,2007:210.

章评介刘先生学行。实际上,就目前他留下的手稿来看,他对刘先生的学术思想还有一些想法,但是由于晚年身婴顽疾,无法将藏于胸中的想法化为文字,这也不能不说是一大遗憾。一般认为,刘咸炘的史学尤其是宋史研究值得推崇。而萧先生却能独辟蹊径,阐发了刘咸炘作为一名身处"后五四时代"的思想家的意义。对于刘咸炘的哲学思想,萧先生是这样评述的:

一方面在《内书·理要》等专论中,着力于中西哲学范畴的异同比较和认真清理,已初步琢磨出一个融贯中西的范畴体系;另一方面,又注意引进和研究"论理考证法",即逻辑分析方法,遍及当时有关方法学的最新译本。同时,对中国传统哲学的历史发展,从文献考订,义理诠释,范畴衍化与思潮离合的疏理,到固有血脉价值的体悟,都作了"新故相资而新其故"的探究,撰著宏富,创获甚多。①

---

① 萧萐父.刘鉴泉先生的学思成就及其时代意义[M]//萧萐父.吹沙二集.成都:巴蜀书社,2007:453.

萧萐父常说，刘咸炘在他的时代当中是具有较好抽象思维的人物，不能仅仅被视为历史学家，那样就把他的学思狭隘化了。萧先生说："或称先生'于学无所不通，尤专力于史'。而《推十书》中史纂、史考之作并不多……其余史学论著多为史论或论史之作。就其对浙东'通史家风'学脉的继承，对章学诚'六经皆史'义理的发挥，理论上的独特贡献乃在于把'史学'扩大为'论世'、'观变'的'人事学'。"①揆诸萧先生的判断，刘咸炘之史学当理解为历史哲学。萧先生晚年，我们去看他时，他几乎口不离鉴泉（刘咸炘字），一定要我找人研究，并亲自指导张杰（欧阳祯人）教授与向珂同学读刘鉴泉书。

萧萐父是改革开放以来最早表彰唐君毅思想的内地学人之一。1988年，萧先生与周辅成、李锦全、方克立等先生，赴香港出席"唐君毅思想国际会议"，晚生随侍在侧。萧先生尝赋诗云："唐门学脉赖心传，海上潮音别有天。今日我来寻活水，故园春意献君前。"②1995年夏，萧先生

---

① 萧萐父.刘鉴泉先生的学思成就及其时代意义[M]//萧萐父.吹沙二集.成都：巴蜀书社，2007：453.

② 萧萐父.戊辰冬，赴香港参加纪念唐君毅先生学术会 书赠法住文化书院[M]//萧萐父.吹沙集.成都：巴蜀书社，2007：636.

赴美国波士顿大学出席国际会议并到哈佛大学讲学,回到北京后,来不及回武汉,便风尘仆仆转赴宜宾出席第二届唐君毅学术思想国际研讨会,而那时他已是71岁的老人。他出席了两届唐君毅学术思想研讨会并都发表了论文,足见他对唐先生其人其学的重视。

萧仲伦曾为唐君毅的启蒙老师,论辈分,萧萐父先生与唐先生当属同辈;而他们都曾受到蜀学的熏陶,也可认为他们同得蜀学之"心传"。萧先生在《论唐君毅之哲学史观及其对船山哲学之阐释——读〈中国哲学原论〉》一文中,凭借他深厚的哲学素养,凝练地揭示出唐君毅哲学及哲学史著作的大脉络,至今仍可视为进入唐君毅哲学思想的门径。萧先生揭示出唐君毅哲学的根基,即在"道德自我的建立",其意义就在于人之所以为人,定要摆脱钱权拜物教、功利主义的束缚,真正实现个体的道德价值。他又进一步指出唐君毅学思之渊源:"迪风先生于世纪初拟著《人学》之宏愿,终由君毅继志述事,积学求真,以'充实而有光辉'之形态完成之。"①

---

① 萧萐父.论唐君毅之哲学史及其对船山哲学之阐释——读《中国哲学原论》[M]//萧萐父.吹沙集.成都:巴蜀书社,2007:552.

萧萐父是当代船山学研究的巨擘，在评述唐君毅对于王船山之研究的时候，高度肯定了唐君毅船山学研究的基本论点："他（唐君毅）明确判定：'船山之学，归在论史。''船山之学，得力于引申横渠之思想，以论天人性命，而其归宗则在存中华民族之历史文化之统绪。'这都指明，船山哲学之致思进程及价值取向乃在于继天道之善，立人道之尊，而归宗于人文化成论。"①同时，萧先生认为，唐君毅对近三百年来的学术思想尚未能作通盘细致的考察。萧先生在第二届唐君毅学术思想研讨会上发表论文，对唐先生哲学思想，特别是唐先生思想的包容性与开放性，唐先生的宗教观及宗教系统理论，乃至唐先生晚年大著《生命存在与心灵境界》的三向九境论，作了全面肯定。②他对于唐君毅思想的评论，今天看来，仍有极大的意义。唐先生学术思想在海内外有着重大影响，不少唐君毅研究者也曾引述萧先生的相关论述。我的学生单波的博士论文《心通九境——唐君毅哲学的精神空间》，已于2001

---

① 萧萐父.论唐君毅之哲学史及其对船山哲学之阐释——读《中国哲学原论》[M]//萧萐父.吹沙集.成都：巴蜀书社，2007：563.
② 萧萐父."富有之谓大业"——1995年8月在宜宾唐君毅思想国际研讨会上的发言[M]//萧萐父.吹沙二集.成都：巴蜀书社，2007：483-494.

年由人民出版社出版。单波直接受到萧先生的亲炙。在论文中，他说萧先生对他的启发，受用无尽。

萧萐父关于近代蜀学研究最值得重视的是，把蒙文通、刘咸炘、唐君毅先生，置于他长期思考的中华文明与西方文明不同的发展道路问题，以及重估重识中华文明的诸问题之中。

蒙文通先生在自己坚实的经史之学的基础上，提出"古史三系"说——这一大理论与新派学人傅斯年、徐旭生等人的上古史理论，有着异曲同工之妙。20世纪80年代初，萧萐父老师给我们讲"中国哲学史史料源流"的研究生课程①，常常介绍蒙先生的书。他在《古史祛疑》中说：

早在20世纪30年代，蒙文通先生根据古文献记载，在《古史甄微》一书中，提出中国古代有三大民族集团，即海岱民族、河洛民族和江汉民族。徐旭生先生在《中国古史的传说时代》一书中，通过对夏墟的考古，也提出与此相近的三个集团，即东夷集团、华夏集团、苗蛮集团，被

---

① 后整理成《中国哲学史史料源流举要》一书，于1998年由武汉大学出版社出版。

考古学和历史学界所承认。

考古新发现"完全证明了中华远古文化是本地起源的,而且就中华本土说,非仅一源而是多源、多根系,在交流发展中才逐步融合[①]"。萧先生主张扬弃泥古派和疑古派,根据日益丰富的考古新成就,重新考释传世的古史文献,恢复中华民族文明史之原貌与全貌。他甚至企盼夏代的文字、典籍,将会被未来更多的考古发现所证实。

萧萐父重视古史与马克思晚年的人类学研究,思考的是人类文明、东西方文化的同、异、共、殊问题。他说:"对世界文化的考察要摆脱东方中心或西方中心的封闭思考模式,走向多元化,承认异质文化的相互交融。""即使承认东西各国都经历过封建制,而在印度、在日耳曼、在西欧、在中国,封建制的表现形态却各不相同。文化、哲学的启蒙,法国与中国也很不一样。由此,我们必须正视中国哲学启蒙的特殊道路……问题。"[②]在蜀地饱学之士

---

① 萧萐父.古史祛疑[M]//萧萐父.吹沙集.成都:巴蜀书社,2007:121-122.
② 萧萐父.古史研究与马克思主义理论的拓展[M]//萧萐父.吹沙集.成都:巴蜀书社,2007:467.

的启发下，萧老师不满以西方文明的道路作为普遍性的道路，希望发掘中华文明及其进程的独特性。西化思潮下，学界都以西方文明为正常的，言下之意，中华文明是不正常的。萧老师重视侯外庐先生对马克思的亚细亚生产方式的发挥，同时提出自己的看法，更重视多元性与中华文明的主体性。

一百多年来，学界大多以欧洲文明作为正面的参照而作出有关中华文明的评判，有很多不相应的方面。实际上，中华文明源头孕育了中华各民族历史上的诸多属性仍未被国人所认识。古代中国社会、宗教、伦理、教育、政治、法律之制度，习俗、观念与实践，乃至艺术、文学、文体，心性情才的修养工夫、终极关怀、人的意义世界等，极其丰富、复杂，仍有很多是未被认识的王国。西方文化可以起到攻错、借镜的作用，但不可本末倒置，丢掉中华文明之根。民国初年以来，特别是20世纪50年代初期以来，西方一些国家对中国文化妖魔化、简单化批判甚嚣尘上，相沿成习的、似是而非的看法仍在流行，需要我们下力气去辨疏、拨乱反正、正本清源。在这些方面，从蜀中学者的思考中，特别是萧萐父对近代蜀学的创造诠释中，我们获得的启迪良多。

上面浮浅述介了萧萐父对于蒙文通、刘咸炘、唐君毅三位先生学术思想的研究,不及万一。萧先生论文集《吹沙集》三卷中,还有一些论题可归入蜀学范畴(如论郭沫若先生之文),兹不一一。总之,萧先生呼吁蜀学研究,一方面希望壮大研究队伍,另一方面躬亲示范,留下丰硕的研究成果,耐人咀嚼。但萧先生远在汉皋,因教学、学科点建设,特别是培养我们这些驽钝的学生等工作十分忙碌,科研方面又有一些既定任务,故未能实现其蜀学研究的全部心愿,只能寄希望于来者。此外,他晚年对近代经学也十分关注,常跟我说,要重视对皮锡瑞、章太炎、廖平、叶德辉、黄侃、吴承仕、钱玄同、蒙文通、刘咸炘有关经学的研究。

钟灵毓秀的蜀地在近代孕育出一大批杰出的学人、思想家,由于他们深入旧学,又能拥抱新思想、新知识,成为近代中国思想史上的一道亮丽风景。今天我们不仅是纪念萧萐父先生,更是要唤起学界,特别是青年学人对于近代蜀学的重视,让更多的朋友们来发掘蜀学的资源。而近代蜀学的特色是:传统根底厚实,心态开放、兼容并包、哲诗并重、仁智双彰等。这些精神尤其值得我们研习中华优秀传统文化的后来人共同继承和发扬。

四、感恩蜀中学者，努力光大蜀学

恩师萧萐父与师母卢文筠教授的灵灰葬在他们的故乡成都。吾等庚寅年筹划，拟在辛卯年清明节期间，去成都市天回镇皇恩寺陵园祭扫恩师与师母的墓园，并举行小型追思活动。当我把这一设想告诉友人蔡方鹿教授时，他大力支持，超出吾等的预想。蔡教授提出借此机缘在他所在的四川师范大学隆重召开"萧萐父先生与蜀学研究"学术研讨会的设想，令吾等感激涕零。而后，蔡教授制订了会议以及祭拜、追思活动的若干方案，并花费大量的时间、精力，具体组织、辛苦操办了这些活动。特别令人感动的是，蔡教授事无巨细，亲力亲为，未雨绸缪，又特重细节，且一一落到实处。

令吾等感激不尽的是，四川省社会科学界联合会、四川师范大学及该校政治教育学院的各位领导、师友，川中知名学者、前辈与同辈专家积极支持、参与了这一盛会，使此次会议开得十分圆满。萧公哲嗣萧远伉俪与其他亲属，与会的萧公的学生代表许苏民、吴根友、欧阳祯人与在下及武汉大学哲学学院在成都的部分校友，衷心感谢尊敬的蒙默、章玉钧、胡昭曦、钟肇鹏、贾顺先、谭继和、祁和辉、段渝、蔡方鹿、舒大刚、詹石窗、李远国、刘俊哲、徐麟、尹波、杨世文等学者的参与，发表祝辞与高质量的论文，缅怀萧公的人品与学品，纵论蜀学，使这次会议生辉。

萧萐父生前十分重视蜀学，前辈与同人在论文中都有讨论，笔者在拙文中也略有所涉，此处不再赘述。20世纪50年代中期，蒙文通先生偶赴京，贺麟先生设宴于颐和园，招萧老师与汤一介老师侍座。贺先生论及蜀学有哲学玄思的传统，川中哲人智慧畅达。蒙先生举严遵之后续以扬雄为例应之，又论巴蜀学风与荆楚学风之异同。1968年贺麟先生从事哲学研究工作55周年，萧老师赋诗祝贺，记载了蒙、贺会晤，畅论蜀学精神、特色：

> 蜀学玄莹美，君平续子云。
> 丹崖方谔谔，麟趾益振振。
> 史慧千秋感，神思百劫新。
> 贞元天地曙，蚕赋颂斯文。

这首诗第二联所说，指20世纪40年代初，萧萐父考入武汉大学哲学系（当时武汉大学西迁于乐山），受业于张颐真如（自号丹崖叟）先生之门，得闻黑格尔哲学要旨，当时又读到贺麟译鲁一士等人论著，深受教益。此诗用《诗经·周南·麟之趾》意，颂扬贺先生译介弘传德国古典哲学之功超迈前辈，流誉国中。

1994年秋，蒙文通先生诞生百周年纪念，蜀中学人集会庆祝，萧萐父老师有诗致蒙默（蒙文通之子）先生。

其一为：

存古尊经学脉醇，观澜明变见精神。

弘通汉宋堂庑广，涵化中西视角新。

秘阐齐韩昭大义，疏还成李入玄莹。

桐花细雨京郊路，钵水投针笑语亲。

其二为：

儒申五际，道阐重玄。古族三分，越史千年。

掀髯大笑，川上观澜。缅怀仪型，孺慕拳拳。

诗文不仅对蒙文通先生的为人为学有传神的评价，而且涉及蜀学的特征与风格，表达了蜀学既多元又有统续，既继承又变易，既博大又通达，既有根源性又有开放性的特点。

萧萐父老师生前十分尊重他的中学老师罗孟桢先生,怀念成都墨池中学的培养。罗孟桢先生九十华诞时,萧老师吟诗遥拜,为罗先生寿。其诗曰:

蜀学渊渊积健雄,功高化雨育童蒙。
墨池波涌山河泪,树德声传耿介风。

这里不仅表达了萧萐父的感恩之心,而且表达了他对蜀学通过教化传承并含弘光大的愿望。蜀学也是立人立德之学。

关于蜀学的定义、范围、历程与特质,以及今后蜀学研究的走向,可谓见仁见智。中华民族与文明是多元一体的,没有繁荣的各地域的文化,就没有繁荣的中华文化。蜀学对中华文化的贡献甚伟,而枝条细节,尚需学界,尤其是蜀中学人深入抉发,开拓创新。吾师萧萐父生前念念不忘,每谈起蜀学前辈,如数家珍,击节称赏,期盼青年学子百尺竿头,努力继承、光大蜀学及其精神!

辛卯年中元节(盂兰节)于京郊西山

第六章　丹心代代燃心炬　留予吹沙继启人

——萧萐父治学与育人

一、追怀萧萐父二三事

2008年重阳节，也是萧萐父老师走后的三七祭日。按习俗，面对老师、师母的遗像，我噙着泪水，摆上供果，敬上三炷香，鞠躬礼拜。萧老师真的走了吗？三周以来，我总是以难以置信的态度反问自己。每有电话铃声，我迅速拿起听筒，总是企盼听到那熟悉的略带沙哑的声音："小郭……"萧老师啊，您的音容笑貌总是在我的眼前与耳边萦回，您的小郭时时念着您的恩德……

我们读本科的时候，1979年至1980年间，萧萐父老师给我们上过《中国哲学史》的一部分课。萧老师人长得潇洒，个子高，黑发密且长，戴着眼镜，风度翩翩；他的课也讲得潇洒，略带一点四川口音的普通话，抑扬顿挫，富有激情，讲到动情处，妙语连珠，语速极快。偶然激动起来，他把讲坛一拍，作狮子之吼，同学们的心弦被震得直响。他的板书展现了书法的功底，不过同学们反映，有的字用草书，不易辨识，他便改写得正规一些。我们喜欢听他讲课，是因为他不时扯到课程之外，很能启发新思。例如，他一下联系到思想解放运动，本来讲中国古代哲学，他因某一命题的触发，灵感一来，忽然跳跃到马克思，问我们："为什么每个人的自由发展是一切人自由发展的前提，而不是相反的？"我们毫无思想准备，说老实话，当时的思想还被禁锢着，十分教条，顿时无语，150人的大课堂鸦雀无声。他停留片刻，微微一笑，然后讲开去……这正是他对我们的思想启蒙。

要是按今天所谓教学评估的方式去评萧先生，他的课绝对不合格。因为他每每完不成教学计划，一讲到某某史料，他兴致来了，一下子背出不少东西，板书也不少，都不在教案之内。如讲到杨泉，他讲到古代科学史的材料，汉代至魏晋的天论，浑天说、盖天说云云，以致同学们有时跟不上。他的课绝不是四平八稳的，我觉得，这才是真正的教授上课（虽然当时他还是讲师）。他颇有点散点透视的味道，让我们透过一个个点去领悟中国哲学智慧。至于教材上写的，那就用不着再细讲了，点到为止，相信大学生们完全可以读懂。不过有的同学并不喜欢他的讲法，说是不好把握，不方便应考。

我考上1981级硕士研究生，实际是1982年2月至1984年12月期间完成学业的。这三年的收获最大。我们的研究生课多是讨论式的，读书则在课下。当然也听老师们讲，老师们讲的多是他们的研究新成果或主持讨论的前言。"哲学史方法论"是一整个学年的课，由萧老师与陈修斋先生共同主持，中外哲学史教研室的老师、研究生一起来上课。除萧、陈两先生外，杨祖陶、王荫庭、李德永、唐明邦先生等也分别主持过专题讨论。我们争起问题来，面红耳赤，昏天黑地，老师们为我们疏导、解惑。萧、唐、李三位老师又给我们上了一学年的"中国古代哲学名著经典选读"的课，他们带读导读，再让我们自己读，自己讲，又帮助教研室校核《中国古代辩证法史资料》，挑毛病。萧师单独给我们开了一学期的"中国哲学史史料源流举要"的课，每上完一课，就让我们到图书馆特别是线装书库、善本室去查书，了解这一讲的目录、版本情况，与所听讲不符的，或另有发现的，下一堂课来交流。从我们这一届开始，有好几届研究生分别、反复整理听课笔记，加以丰富完善。我在20世纪90年代初还给萧老师当过研究生课的助教,帮查资料、答疑、组织讨论,也参与整理《古史研究与马克思主义理论的拓展》《古史祛疑》等。

从1979年开始,我就单独向萧师求教。记得我每每拿着我的浅薄习作给他看时,常常忐忑不安。为消除我的紧张,他很高兴地与我聊天。有一次,我到他住的一区山上的老房子去,他马上要出差到太原出席中国哲学史学界第一次会议,顺手给了一份他提交会议的论文让我学习。还有一次,他送我一份《光明日报》,几乎一整版刊登了他写的《石蕴玉而山辉,水怀珠而川媚——评〈中国哲学〉创刊号》的文章,那是一篇有思想的美文。他认真审阅我初浅的习作,审阅之后,找我谈修改意见,我再修改,他再审修后推荐发表。记得我写的一篇有关王夫之的习作,原只有两部分,他从我的原稿中剪裁,又提示再看哪些资料,帮我改成三部分的结构,让我再补充修改,并谆谆告诫我说:"两元结构不稳,一座高塔,一般三层才稳,一篇文章,一般三部分才好,你要学会三段架构。"这篇习作,他推荐给包遵信先生,1983年在《中国哲学》第10辑上发表。他还指导我读王夫之的《尚书引义》,那本书很不好读,他告诉我如何下手,参读什么书,如何读才能有所得,然后如何爬梳、提炼,形成论文。这篇论文1982年提交全国王夫之学术思想讨论会，后于1984年正式发表。

无论是本科生的课还是研究生的课，萧老师都特别开放，常常请过往武汉的专家来讲，有时也专门请思想敏锐、有新见的学者来讲，汤一介、庞朴、陈俊民、刘蔚华、傅伟勋、陈鼓应等先生都给我们上过课。他主张"学无常师"，也提倡师生平等切磋学问。他曾激赏黄卫平同学写与他商榷的文章，还推荐发表这篇文章。

萧萐父老师才思敏捷，对哲学界各种讨论及相关学术会议的新信息、新动态都非常关注，如《关于人道主义与异化问题》，马克思《1844年经济学哲学手稿》（《巴黎手稿》）的讨论，朱光潜先生对《巴黎手稿》，特别是对《费尔巴哈论纲》的重新翻译，对维柯的《新科学》的翻译及其价值，哲学史上"两军对战式的对子结构"与"螺旋上升的圆圈结构"，中国哲学范畴与范畴史研究，关于唯心主义的评价，关于孔子、《中庸》和宋明理学的再评价，唐兰、张政烺、冯友兰、张岱年、岛田虔次、冯契、王元化、庞朴、汪澍白等先生的新观点，《未定稿》《读书》上有什么新文章，《中国社会科学》的创刊，《考古》《文物》上介绍的新发现与新研究动向（他长期订阅《考古》），马王堆与银雀山等出土文献的研究成果等，甚至如何使用工具书如《经籍纂诂》等，都提示给我们，启发我们去关注、把握、理解、参与。因萧师的关系，岛田虔次先生放心地把著作交给萧师的学生蒋国保、徐水生、甘万萍等去翻译。

老师有家学渊源，有童子功，多才多艺，善诗书雕刻，曾在襄阳分校劳动时刻过几枚闲章。我们与老师熟识之后，每逢开会聚餐，他让我们喝白酒。我与几名同学不胜酒力，又不善诗词歌赋，有一次他说："你们又不会喝酒，又不会吟诗，又不会书法，搞什么中国哲学？"

1991年下半年博士点整顿，萧师与陈修斋师首当其冲。我们哲学史支部（含中外两个哲学史教研室）是整肃的重中之重。检讨、批判，再检讨，再批判……病中之陈先生、萧老师，二人咳喘得厉害，也不能幸免。最后，一纸停招令插于荒斋门口的信袋中，也插入北三区陈修斋老师家门口的信袋中。老师把我叫去，说："这早就在预料之中了，停招就停招，没有什么了不起，但总得有个人来跟我谈谈吧，怎么可以丢一纸通知就了事呢？"我只能说："凭什么任意剥夺老师的教育权呢？"我们师生在当时徒唤奈何？！彼时全国只停了几位博士生导师的招生，哲学界多一点，有萧师、陈师与吉林大学高清海先生。如今，三位德高望重、有学问与真精神的师长都已作古，人们也早已超越了那时的所谓整顿。相反，这三个博士点都能继承前贤，发扬光大。可怜陈先生因耽误了最佳治疗期，终而身心交瘁，于1993年8月撒手人寰。

读萧老师的诗文，凡20世纪80年代及以前的作品中所写的"劫""华盖"均指"文化大革命"。1966年，湖北有所谓李达"三家村"。而后，老师作为李达黑帮之一员遭受了磨难，前后约十年，其间有许多坎坷。余生也晚，不克咸与，了解不多。凡90年代及以后的作品中所写的"劫""华盖"，则是指的我上面所说的那几年的风波，我有幸经受住考验，与老师守望相助，共渡劫难。我只记得，当时激励、支撑着我们的信念的，仍是"三军可夺帅也，匹夫不可夺志也""临大节而不可夺也""临难毋苟免"。

1993年夏，萧老师手书他头一年游五台山的诗作，赠我条幅，以期劫尘尽扫：

隐几维摩原未病，文殊慰语忒多情。

对谈忽到无言处，花雨纷纷扫劫尘。

　　　　五台行吟诗之一书示

　　　　　齐勇　目击一粲

　　　　　癸酉夏萐于珞珈

萧先生晚年诗中"三年华盖终无悔""庄狂屈狷总违时""垂老狷狂未失真"等都是其心志的表达。他在为冯契先生八十寿诞所写文中引用《论语》中的"磨而不磷""涅而不缁"和王夫之的"出入于险阻而自靖",来表达对冯契先生人格、节操的赞佩,这也是萧老师"求仁得仁"的夫子自道。《贺冯契八十华诞》诗:"劫后沉吟一笑通,探珠蓄艾此心同""慧境含弘真善美""霁月襟怀长者风"。萧师在这一阶段特别阐释道家风骨与王夫之的人格美,有深意焉。他让我懂得,知识分子之为知识分子,所为何事?

近日清理旧书刊,无意之中发现了一册香港学人编的《毅圃》(1996年9月第7期),其中第19至25页上刊载有萧老师《徐复观学思成就的时代意义》(1995年8月在武汉徐复观思想与现代新儒学发展学术讨论会开幕式上的发言)一文,在第19与20页间夹有此文的原稿。如果没有看到这19页400字大稿纸上的蓝墨水钢笔原稿,我完全不记得老师的这一文的初稿是我按老师的思路整理的,在原稿上有老师三种笔迹的修改,有的地方修改得密密麻麻。而原稿纸上有些老师笔迹的内容,正式刊出的文章中并没有见到,可见老师又有一次修订。在第一页老师的亲笔（红笔）所写中，有这些内容："我刚从唐君毅先生故居来，从唐先生的哲学殿堂来到徐先生的人文世界，真如徐先生所论中国文化发展的性格从上往下落，从外往内收的味道。"这句话后来没有了。原稿第一页上圈掉我写的一段，框边有老师用蓝笔写的"屈：忽返顾以流涕，哀民生之多艰""杜：穷年忧黎民，太息肝肠热"。这些后来也没有用。第二页，我的原稿中称赞徐复观："他是一个真人。"老师改为："他是一个有血有肉、敢爱敢恨的真人！"第三页，老师圈掉一段，改写为："反专制，反奴性，熊十力先生有痛切的陈述，显然影响到徐。""熊：宏观立论，徐以微观论史证实之。"最后一页末尾，老师圈掉一段，重写："严复以自由为体，民主为用，体在何处？总之，从政治文化、德性学说、艺术精神的反思、剥离中，发掘出中国传统文化中的主体自由精神、不为物化的人道之尊，这是现代化价值的生长点……留给我们的重要思想遗产……这就是徐先生学术成就的时代意义。"这一段在正式发表时文字上又有改变，其中"是传统与现代化的接合处"（"接合"是他的特殊用法）是他在原稿末页特别加上的。

偶尔我等为萧老师整理讲义、文稿，正式发表后，他会把原稿、修改件、正式发表的刊物都给我们,让我们看前后的不同,对比并思考他最后为什么要这样想、写、改、定稿,从中获得教益。

1995年夏天的美国之行使我受到震惊的一件事是:在波士顿大学学生宿舍,萧师与我共住一间。一天深夜,我突然被一种声音惊醒。一听,是萧师激烈的斥责声,我连忙下床到萧师床边把他唤醒。他说:"又发梦魇了,把你吵醒了。"我这才知道,萧师心灵深处所受到的伤害该有多深啊!

老师晚年与我发生过一次龃龉,至今我仍责备自己的鲁莽,深觉愧疚与不安。大约是2004年初,学校为提升文科的地位,促其发展,设置"资深教授"的岗位,请有一定年资与学术实力的学者申报(包括离退休的老师),评上者享受院士待遇。那时我在院里兼俗务,看到这个文件与表格,便请办公室分送有关先生,鼓励大家申报。我当时确实想到萧老师肯定不会申报,但还是按所谓客观化程序,生怕如有的前辈不知情反而造成工作失误与诸多误会,故请办公室照送。此外,我还存有侥幸心理,只要萧师肯报,我们帮他填表,以他的水平与声望,应无问题,起码可以大大改善他们家里的经济状况吧。没想到很快有了信息反馈，办公室的同事通报，萧老师发火了，打电话来说："叫郭齐勇来把表拿回去！"我立即赶到老师府上请罪。那天老师很不高兴，指着文件与表格说："我身体不好，不申报，你拿走吧。"我连忙解释，顾左右而言他。我知道老师在怪我。他早就说过，人之相知，贵在知心，我何尝不知萧师早已超然于名利之外了呢？而后，与萧老师的沟通与交谈中，我知道老师很理解并支持学校的这个举措，对已评上"资深教授"的学者十分尊重，实在是他个人觉得既不能再继续工作，何苦再添心累。

老师有放达潇洒、超脱逍遥的一面，又有极其细腻的一面。他心细，尊重人；待人接物礼貌周全，来而有往；面对朋友后学（包括不认识的青年），有求必应。我手上还保留了不少他写给我的便条，有的写在大小信封的背后，有的写在顺手拈来的纸片上或信件的天头地脚，一般都是：齐勇云云。晚年写上：齐勇教授云云，弄得我很不好意思。下面则是一、二、三条应注意的事项，或帮查师弟论文中的疑点，或代他回复某人的信，寄什么书，或办什么事，或不要忘了什么细节，尤其是答辩会请专家，来参会或讲学的长者之接待事宜等。亦常有电话，也是反复叮咛。在老师身边，我们都习惯了。在老师耳提面命下，我们都学会办会、做事，力求像他一样敬业、认真、细致、周到，为人作想。

老师是很恋家爱家的人。师太一直与他们生活在一起，直到去世。萧奶奶能诗能画，颇有才情。老师与师母很忙，但对老人照顾得很好。老师与师母以梅画和诗歌为媒，含蓄表达恋情的《峨眉纪游》14首，原稿因政治运动而佚亡，他们也不再记得。不想50多年前，这些诗作被两位外国教授译成英文出版，与李白、杜甫的咏峨眉诗选录在一起，直到1995年乐黛云教授在新西兰一座小城发现了《峨山香客杂味》这部中英文对照的诗集，告诉他们，才重温旧事，感触良多。师母卢文筠教授是病毒学专家，在高尚荫教授领衔的团队中从事研究与教学工作。现在的科学家很少人有师母这样的人文修养了，她笔下的梅花也是她与老师高洁人品的象征。退休之后，师母全副身心照料老师，屋里屋外忙碌，常见她骑着小轮自行车在校园匆匆而行。1999年秋，师母陪老师去北京出席国际儒学联合会学术大会，那是老师最后一次去外地开会。在妇女大厦住下后，师母专门找我谈过一次话，说："你也不是外人，我要跟你讲一讲萧老师身体的真实情况。"她讲了老师衰弱的一些细节与征兆，很是着急。一直都是师母照顾老师，孰料师母于2003年突发肺炎，7月住院，9月出院，以后每况愈下，反由老师照顾师母，有时帮师母穿衣。师母于2005年4月嗜睡，5月进食困难，6月9日因肺纤维化引起的心力衰竭而仙逝。他们风雨同舟、相濡以沫近60年，师母走了，老师的悲痛可想而知。百日后，老师对我说：每晚只能睡三四个小时，时常是一觉醒来，发现身边少了一人……萧公子陪他到北京小住、散心，庞朴先生去看他，萧师见到庞公的第一句话是："我学不了庄子啊！"他做不到鼓盆而歌，其实，老师有真情实感，没有矫揉造作，不着相，这才是庄子的真精神啊！

老师走后，吊唁者200余人，出席告别仪式者300余人，唁电函300多封，花圈花篮300多个，媒体网络发表的怀念诗文无数，备极哀荣，充分显示了老师的人格魅力，真所谓"其仁如天""有德此有人"。悼惜之如此，用孔子的话说："其生也荣，其死也哀"。我是深知老师的门人，我相信，萧师更喜欢庄子的话："其生若浮，其死若休。"为了我们这些学生的成长，萧老师太操心了，太累了，现在好好休息吧！假若真有所谓天堂，老师与师母会合，再奏琴瑟和鸣之音，重现筠画萱诗之盛，那该多美啊！

萧师一生乐善不倦，德慧双修，师恩浩荡，泽被后学。晚生追随老师30年，老师教晚生如何做人，如何做事，事无巨细，关怀备至，回首老师的言传身教，点点滴滴，俱在心头。老师走了，音容宛在，手泽犹温；今天人永隔，齐勇目眩神丧，怆然涕下。呜呼哀哉，伏惟尚飨！

戊子年重阳节，萧师忌日三七祭奠之后，弟子敬献于灵前

二、恩师指引我走上学问之路

我们这一代人，生长在物资匮乏、学问饥荒的年代，真正读一点书，是从"文化大革命"时思想的苦闷、迷惘与饥渴中开始的。在武汉市第十四中学当中学生，在天门县乡下当知青，在湖北省化工厂当工人，我感兴趣于哲学，读了一点书，主要是马克思、恩格斯与列宁等书，也有一点点西方哲学的书。

原来不敢做上大学的梦，1978年恢复高考给了我们机会。我于1966年高中毕业，辗转12年后，于1978年考入武汉大学哲学系，进校时已31岁了，同班同学最小的才16岁。我们这几届同学，尤其是高龄生，真是如饥似渴地学习，拼命地学习。只有我们这种经历的人才真正懂得珍

惜读书的时间。以后有幸听陈修斋先生、杨祖陶先生讲授"西方哲学史"（上大课，1977级、1978级及旁听者160多人同听，如醉如痴），又系统地读了黑格尔的《小逻辑》《精神现象学》与四册《哲学史讲演录》，罗素、梯利的哲学史，贺麟先生的一些书及一些西方哲学汉译名著，一点点笛卡儿、休谟、康德的书，才算是入了哲学之门。大学时代正值思想解放运动，武汉大学图书馆和哲学系资料室的书多，来来往往讲演的人也多，思想上真正活跃了起来。我当校学生会学习部的副部长、部长，组织了不少讲座。这时有关真理标准的讨论，即国内主要的思想动向，是我们1977级、1978级同学最为关心的事。其间，我还主编了大学生哲学刊物——油印本的《求索》，刊登哲学学子的习作。

在20世纪70年代上半期批林批孔、评法批儒、评《水浒》的时候，我曾作为工人理论队伍中的一员，开始接触了一点中国哲学思想史。但在当时的历史氛围下，我不可能真正理解中国哲学，不可能超脱当时的时代局限，不过借此机缘读了一点有关中国哲学方面的书，如侯外庐、赵纪彬、杨荣国、任继愈先生的书，以及一点资料书，包括王充、王夫之的书等。

真正热爱起中国哲学，缘于进武汉大学以后听萧萐父先生、李德永先生、唐明邦先生讲授"中国哲学史"。萧先生讲课不多，讲起来常常脱离教材，旁征博引，放得很开。他对思想解放的渴求，对国事民瘼的关切，对人类、民族、人民之命运的反思，使我们深受感染。

我们上"中国哲学史"课期间，唐老师主持，萧、李老师等参加我们1977级、1978级关于孔子"中庸"哲学思想的讨论会。我当时对"中庸"持批判态度。会议是在理学院一个大教室举行的，讨论很激烈。事后我还起草了一篇较长的讨论综述，经唐老师悉心修改后在《武汉大学学报》上发表。我们修"中国古代哲学名著选读"课，使用的是中国哲学史教研室编的数册油印本《中国古代辩证法史资料》，我发现其中因刻印带来的问题，有的是版本、底本的问题，到图书馆遍查典籍，校对出百余条差误，交给老师。这件事被萧萐父先生知道了，他大为赞扬，曾在教研室会议上、在给研究生上课时表扬了我。不过，当时我只是一名本科生，并不知道萧老师的褒奖，事过一年多才知道。

我提前半年毕业，考上本校1981级硕士研究生。1982年2月至1984年12月攻读哲学系中国哲学硕士学位，正式成为萧萐父教授、李德永教授、唐明邦教授的入室弟子。这三年对我走上学问之路是最为关键的时期。老师们学而不厌，诲人不倦，言传身教，循循善诱，使我们受到基本的思想的训练与文献等方面的训练。

我们得益于三门基础课：一是哲学史方法论，二是中国古代哲学文献导读，三是中国哲学史的史料学。当时的哲学史方法论课，中西哲学史专业的研究生在同一个班上课，这非常好。这门课领衔的是陈修斋、萧萐父先生，杨祖陶、王荫庭、李德永、唐明邦等先生也分别参加。同班同学有冯俊、李维武、高新民、黄宪起、黄卫平、蓝岚、舒金城等，还有一些青年教师与旁听者。这是读书、讨论课，我们学黑格尔与马克思主义的哲学史观与方法论原则、普列汉诺夫的五项论等，对于为什么说哲学史就是哲学、哲学就是哲学史，关于哲学史是否就是认识论史，什么叫逻辑与历史的一致还是历史与逻辑的一致，什么是哲学史上的"普遍""一般""具体""个别"，什么叫"社会心理""哲学无定论"，唯心主义哲学有没有价值等问题，我们争得面红耳赤。老师们只是启发、引导、点拨，他们重在培养我们的读书能力、思维能力、表达能力。李德永先生、唐明邦先生的古代哲学文献导读课也是重头课,是我们的基本训练。李老师讲先秦诸子,特别是庄子、荀子,唐老师讲《周易》,告诉我们如何读古书。萧公常说"学无常师",我们常去听杨祖陶先生讲康德,听江天骥先生讲科学哲学。杨先生讲得十分系统,特别深刻,杨公的课对我们的理论思维的训练很有帮助。上江先生的课很有意思,我们听不懂江先生的廉江话,但江先生发了详细讲义。我们对库恩的科学革命的结构与范式理论及当时流行的皮亚杰的发生认识论、系统论颇感兴趣。

萧老师对我们非常关心,耳提面命,手把手地教我们。他亲自批解我们的习作,告诉我们如何修改完善,每每涉及文章架构、资料搜集、鉴别与理解等,特别细心、耐心。萧先生让我们在干中学。他指导我重点读王夫之的《尚书引义》。他也放心地让我与维武、卫平、金城等整理他的关于明清之际早期启蒙与王夫之哲学方面的讲义、文稿等,这种整理也是一种学习。我记得我整理过他关于王夫之认识辩证法论文的初稿。他与唐先生带学长萧汉明兄、蒋国保兄等与我们这届硕士生,带着经他们修改的我们的论文,出席了1982年在衡阳举行的王船山学术讨论会,让我们参与讨论、拜访专家。我最初关于王船山的几篇习作,都是经萧先生悉心指导、认真修改、热心推荐发表的，即20世纪80年代初我在萧公主编的《王夫之辩证法思想引论》和《中国哲学》《江汉论坛》上发表的几篇习作。这些事已经过去数十年了，老师帮我们修改文章的细节仍然历历在目，永远也忘不了，而且已化为我今天带学生的行为。

我读本科生时，旁听了萧公为研究生开的"中国哲学史史料源流举要"课程。讲到近世，他偶然提及黄冈熊十力先生有《体用论》等书，值得一读。那是我第一次知道湖北有位哲学家叫熊十力，便到校图书馆遍查熊先生的书，对熊十力其人其书逐渐产生兴趣。老师们原本让我做司马迁的历史辩证法方面的硕士论文，后来我提出想做关于熊十力方面的硕士论文。在当时，老师们确定我做这个题目（《熊十力的认识辩证法初探》）是要有勇气的。记得哲学教研室全体老师出席了我们的硕士论文开题报告会，有的老师善意地又非常严厉地批评了我对唯心主义哲学家熊十力评价过高。但萧先生有气魄，最后还是支持我按自己的思路去做。他让我参加他与汤一介先生主持的《熊十力论著集》三卷本（《新唯识论》《体用论》《十力语要》）的搜集资料与点校工作，这一套书后来由中华书局出版。他指引、支持、帮助我与友人景海峰兄到湖南、北京、上海等地搜求熊先生著作、手稿、信札，通过写信推荐等方式，让我与友人李明华兄等遍访与熊先生有关系的前辈学者。我曾拜访、请教过的前辈学者有：冯友兰、周谷城、贺麟、宗白华、朱光潜、张岱年、周辅成、虞愚、任继愈、冯契、石峻、韩镜清、田光烈、谢石麟、张遵骝、习传裕、王星贤、潘雨廷、田慕周、李渊庭、阴法鲁、汤一介先生等。而后，我不断得到这些先生们的指教与帮助。武汉大学的前辈黄焯、唐长孺、吴于廑，吴林伯等先生，我们哲学系的老师们，都对我呵护有加，多方提携。

萧老师指导我写论文，重视前人成果的研究综述。我通过广泛搜集资料，对研究前史、资料条分缕析，整理出来，作为研究的背景与基础。我又通过对认识论、直觉论和唯识学的学习来诠释熊氏认识论。在萧老师、唐老师、李老师的指导下，通过撰写硕士论文，特别通过他们对论文的点拨、指导、批评，我基本上掌握了做学术研究的步骤、方法、规范等要领，开始学会对文献的解读与诠释，从事哲学学术研究。写硕士论文，其实是学习做学问的实践。

我的硕士论文经扩充、修改之后，改名为《熊十力及其哲学》，于1985年12月由中国展望出版社出版。梁漱溟先生题写了书名，萧萐父先生专门写了热情洋溢的序言。1985年，我协助本系与萧老师筹备、组织"纪念熊十力先生诞辰一百周年学术讨论会"。这次会议于是年12月底在黄州举行，发起单位是北京大学、武汉大学、湖北省政协、原黄冈地区行署与黄冈县政府。来自全国和美国、加拿大、苏联、日本的学者近百人出席了会议。石峻先生、汤一介先生、楼宇烈先生、周继旨先生都来了，海外冉云华及苏联科学院布罗夫先生等都是第一次来湖北。当时黄州还没有开放，借熊十力会议的机缘，在萧老师指导下，我们在黄州举办了大型的"现代化与中国传统文化"讲习班，由萧汉明学长主其事。演讲者除上述学者外，还有吴于廑、章开沅、刘纲纪、冯天瑜等先生及我们的三位老师，为一时之选。对于这次会议与这一讲习班，学校与哲学系都十分重视，当时任系主任的陶德麟和党总支书记裴淑娟亲临黄州赤壁宾馆接待国内外学者，与省、地领导共同指导工作。

这次会议是萧先生为我们这些青年后生提供的舞台。我的硕士论文变成专著受到与会专家的重视，其中一章在《中国社会科学》中英文版分别发表。会后，《熊十力及其哲学》这一小书得到张岱年、陈荣捷、岛田虔次等先生的肯定与鼓励。岛田先生在其1987年于日本同朋舍出版的《熊十力与新儒家哲学》书中，高度评价了我对熊十力的研究，提到我与我的有关论文著作，或加以征引的，达十多处。中国台湾、中国香港出版界也注意到拙著，我应约又加以扩充修改，以《熊十力与中国传统文化》为名于1988年由香港天地图书公司出版，以后台湾出现盗印本，1990年台北远流出版公司正式出版。

萧先生、唐先生、李先生指引我们走上学术之路。1984年12月我留校任教，直接在三位老师的带领下从事中国哲学史的教学与研究。我毕业之后，又多次重听萧先生给研究生的讲课，在哲学史方法论、史料学等课程上，他真是与时偕行，讲课时时有新的材料和新的思想。例如，关于文化反思，源头活水，传统文化与现代化之间历史接合点的思考，马克思晚年人类学笔记关于跨越"卡夫丁峡谷"的问题，古史研究与马克思恩格斯对人类学研究的方法论启示，朱光潜先生对维柯的《新科学》的翻译及其方法论的意义，金克木先生关于中印西比较文化的精彩论述，狄百瑞、陈荣捷、沟口雄三、傅伟勋、林毓生等国际汉学家的新成果，古史袪疑，哲学史研究中的纯化与泛化问题等，都是在我们硕士毕业之后他吸收的新信息、反思的新成果，亦成为他的课堂教学新增加的内容。在重听这些课程及"文化热"前后，我也尽心帮助他整理过几篇相关文章与访谈等。他有时把他最后的定稿再返回给我看，我从中受到不少教益。

1985年春，萧先生安排我出席了汤一介先生创办的中国文化书院在北京举办的第一届中国文化讲习班，亲耳聆听了海内外著名的学者专家梁漱溟、冯友兰、张岱年、周一良、侯仁之、金克木、季羡林、任继愈、汤一介、庞朴、吴晓玲、孙长江、丁守和，以及来自海外的魏斐德、陈鼓应、邹谠等先生的演讲，一睹名家之风采，接受许多新信息与新诠释，颇受教益。萧公后来指导我们参与文化热的讨论。我曾著文首次把关于传统文化与现代化的论争概括、提炼为"儒学复兴""彻底重建""西体中用""哲学启蒙""新的综合"诸说，并加以分析与评论。很多人至今仍在沿用我的上述概括。其中，"哲学启蒙"派即以萧先生为首的学派。于此先后，我参与了萧先生与吴于廑先生、冯天瑜先生联合组织的"明清文化史沙龙"的学术活动，参与了萧老师、章开沅、冯天瑜等先生发起，汤一介、沈善洪、陈俊民、庞朴、朱维铮、刘桂生、金春峰等先生参与的1987年在华中师大举行的"中国走向近代的文化历程"学术讨论会。

我与李维武兄在武汉大学合作开设了"文化学与文化哲学"方面的选修课,打印了讲义,请萧先生开讲。我后来独立讲这门课,并出版了《文化学概论》。《文化学概论》基本上代表了我在20世纪80年代下半期关于文化的看法,特别是关于多元文化、关于文化变迁中的涵化与整合、关于文化传统的解析等,这些看法已包含对流动变化着的文化传统的全面体认,调整中国文化的评价尺度与诠释维度。

以后,我又协助萧先生接待了陈鼓应、傅伟勋等学者。萧公在文化大讨论中是一派之首,正是因为他与章开沅先生的作用,武汉在"文化热"中发出自己的声音,而与京、沪相鼎立。

我于1987年考上萧老师的博士研究生,1987年9月至1990年9月,边在哲学系工作边攻读博士学位,1990年9月通过博士论文答辩。在那特殊的日子里,我们师生相互慰藉,相濡以沫。萧公指导我做博士论文《熊十力研究》,我更加投入。

20世纪90年代我对熊十力哲学的研究,以博士论文为代表，主要抓住其哲学的核心问题即本体论问题，在熊十力哲学内涵、内在张力、学术渊源、思想影响的诠释与批导上，有了较大的创进。90年代我虽然与中国台湾某学者有一场颇为轰动的论战，解决熊十力史实、资料考证与有关熊十力人格评价问题，但我的精力与研究重点已转向熊十力本体宇宙论、道德形上学的问题，熊十力作为20世纪人文主义思潮的形上学奠基者对现代的批判和多面的影响，熊十力在现当代中国哲学思想史上的地位问题等。

我分析论证了熊十力作为第一代现代新儒家中对形上学建构有兴趣的学者，为现代新儒学思潮奠定了一个基础。他的"境论"即是他的本体论与宇宙论。他是保留了传统哲学之宇宙论的学人。他重建大本大源，把"本心"解释为宇宙本源与吾人真性，是具有能动性的创生实体。他的本体论是"仁"的本体论，涵有内在—超越、整体—动态、价值中心、生命精神的意蕴。

在整个现代儒学思潮中，熊先生在精神上启导了唐君毅、牟宗三、徐复观。重建本体是熊十力的关键性思考。他的形上学建构，特别是终极实存的思考和道德形上学的创慧，在牟宗三那里得到充分发展。他的"体用不二"之论，特别是道德自我开出文化建制的思想，在唐君毅那里得到充分发展。他的历史文化意识,在徐复观那里得到充分发展。熊先生虽然没有写出"量论"(认识方法论),但他对"性智"与"量智"、"体认"与"思辨"、"表诠"与"遮诠"的讨论,即包含在他的"境论"之中。熊十力的"澄明"之境,是在良知的具体呈现中体证、契悟天道。这与冯友兰的新实在论的思考方式完全不同,也不是冯友兰的"负的方法"可以代替的。熊先生高扬了东方的本体玄思,即在澄明状态中的存在之思。我的研究还涉及唯识学与熊氏新论在"性觉"与"性寂"上的不同,即儒、佛心性论上的差别。

这一论文得到任继愈、周辅成、冯契、石峻、朱伯崑、章开沅、汤一介、李锦全、方克立、涂又光、丁祯彦等先生的指导和肯定。先生们以严格的学术性予以指点批评,在尖锐率直的评论中充满了关爱与信任,使我永远难以忘怀。我于1992年获武汉大学哲学博士学位。博士论文《熊十力思想研究》于1993年由天津人民出版社出版,方克立、李锦全先生将其纳入其主持的国家社科基金重点项目"现代新儒学思潮研究"之中。聊以自慰的是,《熊十力思想研究》没有辜负萧老师的期望,于1995年获国家教委首届人文社会科学优秀成果二等奖。这是我的光荣,更是导师的光荣。

从1990年开始,我协助萧萐父先生,并与友人景海峰、王守常及蔡兆华先生等一道,投入萧先生主编《熊十力全集》的搜集、整理、编校工作。近五百万言九卷十册本的《熊十力全集》用了12年工夫,在2001年终于由湖北教育出版社出版。个中甘苦,难以言表。

萧公直接推动了学科点的对外开放,走出去与请进来。此中事迹不胜枚举。我被推荐到吴德耀先生主持的新加坡东亚哲学研究所工作一年,得到萧公的积极支持,后因故而未果。以后,应霍韬晦先生的邀请,我与萧公一道出席了1988年冬在香港法住文化书院举行的"唐君毅思想国际会议",此次会议开始了内地与香港哲学界的互动。应国际中国哲学会与南乐山(Robert Neville)教授的邀请,我们师生二人一道于1995年夏出席了在美国波士顿大学举行的第九届国际中国哲学大会。

萧萐父以开放的胸襟,促成了我们学科点在现代哲学,特别是现代新儒学领域里的开拓,李维武学兄、田文军先生与我等取得了一些成绩。特别是维武兄在20世纪中国哲学本体论与徐复观学的研究上,田文军先生在冯友兰学的研究上,成就卓著。萧公与唐公等还促进我们学科点在《周易》、道家、佛学、中日学术交流等方面的开拓，分别由萧汉明、吕有祥、徐水生兄发展，明清学术则由吴根友学弟承继。

我们武汉大学中国哲学学科点，老一辈萧萐父老师、李德永老师、唐明邦老师、程静宇老师、段启咸老师等学者身体力行，我们这一辈萧汉明、李维武、麻天祥、田文军、徐水生、吕有祥、吴根友教授与我团结协作，使本学科点的教学、科研、学科建设在全国享有一定的声誉，培养了一批批优秀学术干才，有一套培养人才的经验与方法。萧先生强调"中西对比，古今贯通；学思并进，史论结合；德业双修，言行相掩；做人与做学问一致，文风与人风淳朴；统合考据、义理、辞章，统合思想与历史的双重进路"，这是本学科点做人与治学之传统。在这里，我要特别说一说两位学长：萧汉明学兄功底甚深，于经学（特别对《易》经与《书》经）、子学（特别对道家与阴阳家）的文献极深研几，又谦和礼让，堪为表率。许苏民学兄于萧先生之学，特别是王夫之与明清启蒙学术思潮之学的继承弘大，其功甚伟，超越吾侪。现在我们学科点有了新生代与生力军，如吴根友、郝长墀、丁四新等，他们的西学好，知识结构好，外语好，有新的贡献与成就。

教人者必先受教育，身教重于言教。我们学科点的师友们实践着孔子、孟子的道德哲学和老子、庄子的超越意境，并以此安身立命。我们的时间、精力，大都放在对学生的培养上。对于硕士生、博士生，更是倾注了心血。现在，我们也像老师当年教我们那样，每看到有关论著，甚至一条资料、一条信息，都要抄下来，转告学生。对于他们查资料、出席会议、发表文章，甚至就业等，要操很多心，审阅他们的学位论文更是全身心投入，最后要考虑并帮助他们在德业诸方面的发展。

在我的成长过程中，处处离不开三位老师的指点与关爱。有时候萧老师看似不经意地，其实是有意地提醒我，以四两拨千斤的方式启发我，让我在做人、治学和善处各种关系方面更加健康、合宜与完善，甚至发现我的学生的德业诸方面的问题，也跟我交换意见，予以提醒。我从内心感谢恩师的指点。我现在常对我的学生说，萧公对我的有言无言之教，我感受最深的，一是人格的成就，所谓壁立万仞，风骨嶙峋，不作媚时之人或利禄之徒，不发媚俗之言或吹捧之论；二是学习的能力，他80岁时，心态比我们还年轻，仍然保持着学术上的朝气、敏锐与激情。他对学生重在培养、熏染、提升其学习与继续学习的能力。在教书与研究方面，我后来转向先秦经典的导读与研习，关注儒道传世文献与出土简帛文献。他甚为欣慰，默许之，且亲自过问、关心我与历史系同事陈伟兄、徐少华兄张罗的1999年在我校召开的郭店楚简国际学术研讨会。我们请来饶宗颐先生、任继愈先生、庞朴先生、李学勤先生、裘锡圭先生、周凤五先生与一些知名的国际汉学家瓦格纳、史景迁、浦百瑞、艾兰、池田知久、工藤元男教授等。萧先生希望我们学科点在交叉、新拓上有建树。他一生不喜欢专断、狭隘、固僻、囿于一家之言，希望我们这些弟子有广博的涉猎面，有开放的气象。他总是不断地暗示、接引、点拨，希望我们在学术上真正有所见地。

萧老师、李老师、唐老师以言传身教，让我们恪守做人的本分，尊重圣贤，以诚敬之心，理解中华文化及世界各文明的思想资源，发愤立志，潜沉读书，打好基础，严谨治学，放开胸量，虚己容物，关爱他人，修养人格，学会独立思考，增强问题意识，培养思考、反省、批判、创造的能力，积极参与海内外学术活动，勇于直接与国内外、境内外学者对话，推进中国哲学的创造性转化。为学在严，为人要正。我们肩负的使命是：促进人类，特别是中华民族文明与文化的传承与发展；培植社会资本与文化资本，引导社会良性健康发展；培育具有反思性、批判性的公众知识分子与健全的国民。

孟子讲"君子三乐"。第一乐，天伦之乐，"父母俱存，兄弟无故"，此点由天不由人。第二乐，道德之乐，"仰不愧于天，俯不怍于人"。这一点，绝对命令，取决于己。在三位老师的感召下，我们心向往之，笃行实践。第三乐，教育之乐，"得天下英才而教育之"。教学相长，学生开放、机敏，涉猎面广，对我们启发良多。江山代有人才出。老师们的德业，薪火相传，不知其尽。我们只是过渡性的环节。弘大萧公开辟的事业，我深深地寄望于来者。

三、睹物思人　手泽犹温——感念恩师教诲

恩师萧萐父先生九十冥寿的纪念日到来之际，同门诸友相约捐资敬立老师的铜质头胸塑像，并聚会重温老师的教诲，弘扬先生为人为学的精神。彼时清理部分书柜与抽屉，无意中找到恩师给我的数封手札与若干字条，睹物伤情，仿佛回到过去的场景，细细品味着老师教育我的细节，眼睛渐渐地湿润起来。

（一）教书育人　严谨治学

萧老师很重视学术梯队的建设，亲自物色、培养德才兼备的青年才俊，充实我校中国哲学学科点。吴根友兄于1992年在萧门获哲学博士学位，但当时哲学系中国哲学史教研室编制有限，只能暂时安排在社会学教研室，教中国社会思想史等课程。当时社会学教研室隶属于哲学系。考虑到我们几位年龄相差不大，从长远考虑，应有青年人接班，老师很想让根友兄正式到中国哲学史教研室工作。老师一直关心这件事，让我落实。直到1997年社会学系与哲学系分开时，此事才得以实现。1997年1月13日，避寒在广西北海的老师给我写信，还在殷殷叮嘱："社会学系调出，根友留下否？"以后，龚建平、丁四新博士毕业后留在我们教研室，也是由萧老师亲自提议、确定的。老师言传身教，对青年教师寄予厚望。

老师很重视硕博士生培养的诸环节（课程考试、开题报告、论文撰写、答辩），善于发挥学科点、教研室各位同人的智慧，对学生严格要求，集体"会诊"。我还保留着我的硕士论文初稿、博士论文开题与初稿写成后教研室老师们评议会的记录。老师们很认真，批评得很严厉。近日检出老师亲笔写的一纸通知：

齐勇同志：

  博士研究生刘泽亮、邓铭瑛二君的学位论文，已初步择定题目，形成思路，兹定于9月26日（星期二）下午3—5时在我住处举行"开题报告"会，恳望届时出席指导，谨附上二君论文提要，盼审阅。

  耑此 敬颂
研安！

萧萐父
1995.9.20

  先生落款后还盖上私章，可见他对博士生开题的重视。泽亮、铭瑛二兄现分别执教于厦门大学与湖南师大，学有所成，身负重责，光大恩师的事业。邓辉是老师的关门弟子，很是聪明，颇得老师的钟爱。邓辉的博士论文初稿完成过半后，寄老师审阅。当时老师身体欠安，患白内障等眼疾，盛夏中仍用放大镜亲自审阅邓辉初稿，并让我与吴根友兄等分别审读。2002年7月初，老人家让我去他的府上，亲自把邓辉给他的一信、邓辉论文初稿前半部、吴根友"邓辉论文阅后意见"（打印件两页）交我，嘱我细读，挑毛病，并亲笔写有"齐勇：此件存您处，便全面知情，统筹安排"云云。我阅后把自己的意见与看法及时向老师汇报，提供了书面材料，同时也给在湘潭大学执教的邓辉打了电话。老师综合了根友兄与我提供的意见与建议，正式给邓辉亲笔写了整整六页纸的长信，主要表达他老人家对邓辉论文的评价与修改意见，以鼓励为主，批评为辅。老师把这一长函的原件寄邓辉，复印一副本给我保存。鉴于这封信具有方法论的意义，对我们学科点师生至今仍有教益，特敬录如下：

邓辉如握：

寄来部分论文稿（导论，第一、二章），我委托郭、吴二位老师先审阅。他们都认真看了。郭老师已给你电话长谈，并具体排定今年十月答辩。吴老师也在论文稿上作了详细批划。他们的意见，我大都有同感，认为大有助于你进一步思考，闻一知十，去芜存菁，使论文更完善化。当然，任何老师（包括我）的意见，都必须通过你的虚心涵泳，自觉消化，才会起作用。

我以衰眊日甚，炎暑中体力、视力皆不支，只能靠放

大镜粗阅一过,除零星批划(红笔)外,仅就学位论文的学术规范要求,提些参考意见,盼酌:

总的印象,此稿虽尚粗糙,不少处杂越、重复,但立论颇有新意,力图引进从现象学到存在主义的西方现当代哲学的某些理论转向和方法更新,用以诠释船山哲学旨趣,比陆复初老先生。《船山沉思录》有所深化(论文定稿,可寄陆老一份,乞得评语),沿着张世英先生及张祥龙等人思路探索,有所拓展和论证;引用史料注意到《庄子解》等书的理论价值。凡此,皆应肯定。当然,既已走上这样高层次的"中西合流""古今会通"的巨大工程中,就应当充分估计到所面临的困难和矛盾的高度复杂性。掘井要及泉,需下苦工夫。沿张世英先生三书思路走,即学到张先生,就他所抓住的主题,讲得如此明白晓畅,层次分明,已非易事。千里之行,起于足下,从你的论文稿说起吧!

首先,<u>明确主题</u>。此次此文探究的主题(对象)究竟是"船山学"或"船山哲学"?或船山哲学中的(基础、核心、灵魂)的"船山历史哲学"?[①]定了主题,自有主宾,不宜越位或错位。现稿第一、二章,花了大工夫,但

---

① 此句下加有一行小字:如你生造"历史性意识"。

未能阐明主题各层次的主宾关系，望再思索。

二、研究的出发点或生长点。不宜从某种概括的西方历史哲学分派或中西历史哲学的不同特点等宏观比较（往往不易周延，而流于独断）出发，而似乎应从研究主题的历史现实成果出发，如"二十世纪有关船山历史哲学的研究成果及发展轨迹"，也正是通过研究综述找到的进一步探究的生长点。顺理成章。从唐君毅、侯外庐、嵇文甫……到陆复初、许冠三、林安梧……可以含英咀华，述而兼评，可以写出特色。关于分章构建，吴根友老师的建议可取，宜参酌。

三、学贵涵化融通。西方近当代哲学的转向，是一大事因缘，自当努力研究。但引进、拿来，贵在神化，①力求"为我所用""依自不依他"。中国传统哲学诸范畴及其所构成的诸命题，与西方生命哲学、现象学、存在主义哲学诸范畴及其主要命题之间，如何善于辨同异（同中之异，异中之同，似同而异，似异而同），别共殊，形成视域融合，须经笃学精思，力避穿凿附会、生吞活剥。现稿第一、二

---

① 此句下加有引号与小字：过化存神。
出自《孟子》："君子所过者化，所存者神。"

章中，有些范畴、术语的引用、诠释，是否贴切，存疑！

四、<u>史料鉴别</u>，是基本功。船山著作宏富，前后近五十年，"新的突破了旧的""死的又拖住了活的"，情况异常复杂。但选用资料，总有自立权衡的一定准则，诸如典型性、完整性、确切性、鲜明性……船山遗著，大体可作"心得之作"（如《思问录》《正蒙注》等）与"授徒之作"（如《四书训义》《礼记章句》等）的区别。（当然，不能绝对化。）更有出入于老释的著作，情态多样。现稿从《庄子解》等发掘出不少新史料，可喜！但也提出了一个鉴别的难题，是船山自道语，或代庄立言语，或"因而通之"语，或"入垒袭辎"语……既已引证，就必须逐条辨识。

五、一般<u>引文</u>，也务必严谨核实，实践朴学学风与现代学术规范。现稿引文常有错夺字，抄写笔误、电脑迷失，人或谅之。但如第一章第五页的失误，则属学风问题，殊难取谅。

第五页三节抄《大全说》一段，竟抄掉了"复心"二字，以致把元代学者程复心误为"程颐"，铸成硬错。船山对程、朱均较敬重，书中多曾称为"程子""朱子"，此处贬称"程氏"，斥之为"不思而叛道"。本易发现校出，而竟瞀然不疑。其他引文，是否有同类问题，望定稿时严自裁定。一不慎，便成硬伤。

六、学位论文其他<u>规范要求</u>，亦应留意，如中英文提要、章节标题、附录、综述、参考书目等，亦应按规定弄好。

衡阳船山会，闻又将延期至十月。不知湘大、《湘学》是否酌定，你可否先抽出一篇论文，寄王兴国老师，作为湘大提供会议的论文。然后，奋力完成学位论文，由郭师等组织十月答辩（与问永宁、胡治洪同时举行），望及早抓紧。

匆此　不尽　颂

文祺！

萧萐父
2002.7.20

老师这封长信对我们指导学生，对博士生完成论文的意义极大。今天重读此信，我仍然觉得深受教益。体会老师的用心，感慨系之。

首先，老师善于发现学生的优长与尚在萌芽状态的思想火花，充分肯定学生的创造精神。在我与根友兄看来，邓辉的论文初稿用了太多的西方哲学的概念、框架与有的研究者新的思路与成果，我们担心他不能消化，不能融会，可能影响论文的完成。例如，邓辉引张世英先生的一处，我当时批的是："没有论证。张世英先生此论未必准确。"但萧老师在提醒邓辉注意消化与融会贯通的同时，却高度肯定邓辉的立论有新意，充分地激励作者创新，让他继续发展新见，不压抑、不抹杀学生的创造性。这是非常大胆的！他很了解他的学生，充分相信中西哲学素养甚好的邓辉有中西古今交融会通的能力！这也体现了老师临阵不惧、指挥若定的大将风度！

其次，老师强调凝练并紧扣主题，通过深入的研究综述找到进一步探究的出发点与生长点，学贵涵化融通，为我所用，自立权衡，辨同异，别共殊等，都是治学的经验之谈，对博士论文的写作乃至我们的文科科研都有着方法论的意义。

再次，老师在研究王船山与古代哲学思想时充分注意省察、鉴别史料，分析研究对象的"心得之作"与"授徒之作"，发掘研究对象的自得之见，特别是不同于前人与同时代人的新的思想，予以创造性的诠释与转化。这是更重要的方法论原则。老师常引《学记》的话："记问之学，不足以为人师。"与老师合著了两部大著、深得老师真传的学长许苏民兄在给我的电子邮件中还谈到"萧先生论船山，说要分辨应酬之作与言志之作"。这一剥离当然需要眼光与工夫,尤其是要对论主及他前后左右的思想家的著作相当熟悉,分析剥离得好,就能有所发现与发明,做到古为今用。

最后,严谨治学,力避硬伤。邓辉初稿中不慎把船山原文中"程氏复心"的"复心"二字抄漏,误以为船山此处是批判程颐的,进而说"船山批评程颐是不假思索,信口开河,而成离经叛道之徒"。这个瑕疵是我从他这句话里看出来的。我对《读四书大全说》还算熟悉,知道船山不会如此批程朱,称谓上也不会说"程氏""朱氏"云云,故回溯上去,细查邓辉误会的缘由。当时我也不知程复心其人,记得还专门跑到校图书馆查了资料,才知程复心是元儒,将其简历抄了下来,禀告老师。我认为这是我们都可能犯的毛病,属小的疏忽,而老师对此却看得很重,在信中严加批评。

从这一信中,我们再次体会到老师对弟子恩重如山,对每一名学生都循循善诱,诲人不倦。恩师的严谨治学及对学生的鼓励、关爱、帮助、提携,由此可见一斑。从这里也可以知道我们这个学科点在萧先生指导、主持下的传统,对每一篇博士论文初稿,都要由好几位老师分别审阅、批评,把关甚严。但是最近几年,这一传统似未能坚持下来，对学生的要求有所降低，值得我们警惕。

严师出高徒。邓辉果然不负老师栽培与师友众望，完成了博士论文，以优异成绩通过了答辩，继博士论文《王船山历史哲学研究》出版之后，他又出版了《王船山道论研究》等专著，成为船山学专家，是中国哲学史界的新锐，很有思想活力。这是我们感到特别欣慰的。

（二）情文并茂　开放多元

萧先生晚年多次跟我说：人一生想做的事很多，但能做成的事不多，一下子就老了，做不动了。他老人家感叹主客观条件的限制，为学科发展不得不应对的俗务，再加上身体条件等的限制。尽管如此，他始终把教书育人放在首位，为培养我们这些后学的人格与学问，耗尽了心力。先生的研究成果、建树与贡献，我在几篇拙文中都有论述，这里只就新近找到的先生手札等资料，谈一点随感。

先生对完成体制内课题也是认真的，当然与他自己想做的事毕竟有所不同。1988年，他申报的课题"中国传统哲学与马克思主义哲学中国化"获原国家教委批准，总经费1万8千元。这在当时不是一个小数目。整个课题论证与成果设计，均为老师亲力亲为。表格中的"本课题国内外研究概况,本课题的基本内容,研究本课题的理论意义和实践意义,要突破哪些难题""完成本课题的条件分析""研究工作的进展情况"等,都是老师亲笔填写的,写得满满的。他另写有这一课题的成果设计,供我们教研室师友集体讨论。他拟定了大的纲目,如"从万历到五四""五四以来哲学文化思潮""马克思主义哲学在二十世纪中国""马克思主义哲学中国化的前景"等,让我们讨论,并说:"以上粗拟,仅作触媒,删、补、重铸,全赖集思;集思之利,无坚不摧;分工所琢,各骋异能;参差妙合,浑若天成!"实际上,如真能按他的设计完成,是会有很多突破的。老师后来给我的批示是:"齐勇同志:拟题如何删补,既可行,成果如何抓,烦明年能交卷,了此一事。萧 1月13日"课题原拟1991年12月结题,因此老师这一批示估计写于1991年的元月。

有关《熊十力全集》的整理工作,则是我们自己想做的事,不属于任何项目或课题。这一工作持续了多年,有很多同人参与,我是主要的张罗者与参与者之一。关于全集的编辑思路,是老师与我反复商量后确定的。我现在还保留着老师在一张蓝格子500字武汉大学稿纸上用红笔写的四条:"一、全集求全,旨在积累最完全、最准确的文化资料。二、大体按年代编，足见思想的衍变、发展。三、力求照原编原稿，整体直排。版式要求——行注、眉批、旁批，可适当调整加工，又便排字。原有序、跋、附录，基本全部保存。存真。《蔡序》新采入。[①]四、第八卷，估计不会到50万字。可否附录一卷评论？"这些设想在编书过程中，我们都逐步落实了。

为解决《熊十力论著集》与《熊十力全集》之间的版权问题，我请萧先生与中华书局联系。我这里还留有老师转给我的1991年2月中华书局陈金生先生致汤一介先生函，及同年4月汤一介先生致萧先生函（有信封与邮戳）。这两函都是谈版权事。与这些材料放在一起的还有老师给我的一信：

小郭：

熊集"编者序"，匆作成。连同"后记"，通读后自会有些调整。您用繁体抄正时，在文字上可作些修改订补。文中引了马一浮、张岱年语，是否可补引数句任继愈、周

[①] 指蔡元培为熊十力《新唯识论》文言文本所写序，原编中华书局版三卷本《熊十力论著集》已编入，此次湖北教育出版社的全集本再编入。

辅成语？最后全书编法，在序文处交代者，您可增补。16条引文出处注，请补上。是否全要注？或单句引语即不注？您可酌定。

蔡兆华同志作编辑组成员，请补上。我已告知他。

合同仍宜早签订，备此法律手续。

中华处，待我十二月赴京与汤老师商后再去说，是否太迟？

我在成都通信处：成都人民南路三段24号四川教育学院财务科卢文英同志转我或卢文筠。有急事，可通知。

萧萐父
10月2日

此信大概写于1990年或1991年，应是老师与师母回成都小住之前写的。《熊十力全集》编者序与后记，即按师命加工补充。

萧老师的身体在20世纪90年代末渐渐衰弱。1997年1月北海函最后说："我近日以北海气候较暖，喘得缓解，但视力（白内障）、体力已日衰。每日工作二三小时。瞻念。怅然！无可如何！"1998上半年我在哈佛大学燕京学社做访问学者,听到老师因便血住院将做直肠手术且怀疑是癌症的消息,十分震惊!我与内子分外惦念、焦急,立即给师母写信并打电话问安。5月28日老师手术,术后切片化验结果出来,是息肉而不是癌肿,悬着的心才放下。在化验结果出来之前,老师从容乐观,还在手术台上吟诗四首(皆与肠有关)。师母及时给我们寄来了老师在病榻上的数张照片与写有小序与注文的"蓳吟稿"诗笺。其中第四首诗为:

解空龙猛千篇论,钵水投针慧业传。
一笑提婆肠委地,凝成百字重如山。

老师用了佛教典故,加了注文。解空句注:"龙猛,或译龙树,乃千部论主。"钵水句注:"提婆初见龙树时,心印故事。"龙树菩萨是大乘中观学派即般若空宗的创始人,主要著作有《大智度论》《中论》《十二门论》,被认为是解空第一人。提婆是龙树的弟子,有《广百论》四百卷。相传提婆与婆罗门教徒辩论的故事,老师末两句注:"外道论师弟子,往见提婆称:'汝以舌破我师,我今以刀破汝腹'……提婆肝肠委地,一笑置之,乃以手指蘸血写出最后一篇论文《百字论》。"老师用提婆五脏委地的典故,表达他面对死亡的洒脱与超越的心态。

1999年10月,我与陈伟兄、徐少华兄等组织、操办了在武汉大学举行的郭店楚简国际学术研讨会。早在这年3月2日,萧先生自广州从化的来信中,即转告刘笑敢先生来自新加坡的信,要求参加此会,嘱我寄一邀请函去。因为郭店楚简在当时是海内外学术界的热点,我们得地利之便,所以这次会议请到不少中外名宿,算得上盛况空前。萧先生一贯重视考古新资料,他在本次大会上提交并发表了《郭店楚简的价值与意义》的大文,尤其显现出他的多元开放的胸襟。

这次会议也促成他与饶宗颐先生的一段诗文因缘。2000年1月2日,老师赐下他与饶公唱和诗词与往还书札的复印资料,有的加盖了他自刻的私章与"楚天"闲章,并附一信曰:"齐勇同志:楚简会内外,诸多胜缘。一点花絮,供采摘。"信中讲他自己会中有诗,陈国灿先生陪饶公游黄鹤楼,"引出饶公水龙吟词相和。且不吝泼墨,会后寄来长卷及梅幅;同时澳门教科文中心寄萧请柬一份。书谢之,并FAX去二首贺诗,旋得饶公复信,并寄赠书澳门展书画册一本。如此文字因缘,可感也"。

萧老师原诗与饶宗颐先生《水龙吟》，我们已刊登在《郭店楚简国际学术研讨会论文集》卷首。老师致饶公书，祝澳门选堂书画展诗幅及饶公答书，都极其典雅，有待公布。饶公、萧公等文人修养，诗情画意，都不是我辈可望其项背的。他们的往还书札也是范本，包括敬词、谦词的运用，书写格式等，都有考究。这就是文人生活中的国学。老师有关书札、诗幅、论著中，有他这个活生生的人，既平实又有追求，其中的真、善、美、圣的意涵，具有永恒的价值，时时捧读，时时受益。

癸巳年头伏与二伏之间

第七章　坐我光风霁月中　风骨嶙峋人格美

——恩师萧萐父精神永在

戊子年八月十八，2008年9月17日16时30分，敬爱的萧老师永远地离开了我们。萧远师兄、萧萌师妹告诉我与根友学弟：老师因呼吸衰竭和心力衰竭平静地走完了他84岁的人生道路，走的时候十分安详。萧远师兄说，老师其实早已悟透人生，安排好生前身后事，可谓功德圆满，寿终正寝。我们与哲学院领导获悉噩耗后立即赶往中南医院，与先生诀别。先生安卧着，状貌安详。我们三鞠躬，祈祷老师安息。老师安息，定无疑义，只是齐勇等卅载追随，顿失依怙，悲痛之情，何可言喻？

老师是2008年7月17日晚住院的，病因是老年慢性支气管炎与肺部缺氧。住院后即需要用呼吸机（先用小型便携式的），但不久有所好转。8月初病况加剧，住进监护病房。我们多次去医院探望，紧紧握着他的手，在他耳边与他说话、谈心……

老师住院的前一天，7月16日上午，我提了两个冰糖西瓜与一盒杭白菊去府上看望他老人家。师妹用轮椅把他从房间里推了出来，我们一起帮助他坐在沙发上。老师的脚肿了，我摸了一下他的脚，又往上卷起他的裤腿，察看小腿，小腿并不肿。老师真有一点衰老了。师妹悄悄地对我说：今天好像又是一个转折点，不能下地走路了，要用轮椅了。老师见我来了，很高兴，首先问我："你与根友最近到北京出差去了？"我向他老人家汇报了承担重点教材《中国哲学史》的缘由与过程。老师向我推荐某刊的文章，关注一位长者提出的问题，谈他的看法，反感并批判暴力。接着，老师断断续续对我讲了儒家道德价值的重要性，特别是个人道德的重要性，一再肯定儒家核心价值。老师很高兴地看我送给他的拙文集《中国哲学智慧的探索》，我念"后记"中有关本学科点的几段话给他听，他不断点头。我介绍了"珞珈中国哲学丛书"的缘起与实施，他也表示肯定。

这一次明显感到老师的心力不足了，他有时想说话，嘴在动，但说不出来，有时说的话声音很低，有的听不清，师妹还帮我翻译了几句。一个多月前，我去与他聊天时，并不是这样的。当然，老师的大多数话还是清楚的。我坐了一个多小时，告别之前，他还提醒萧萌师妹，把李守庸先生托师妹转送给吕有祥师兄的书让我带走，便于转交吕师兄。由此可见，老师的记忆力还不错。

记得汶川大地震发生后不久，萧老师给我打来电话，声音不大，用语急迫："现在为灾区捐款，你们都捐了吧，我也要捐。"我说，学校的意见，离退休老同志可以不捐。他说，那怎么行，这么大的地震。我知道，自地震发生时起，他密切关注灾情，他的心早就与他的家乡四川人民的心紧紧地连在一起了。我说："您放心，我明天到院里去代您捐款。"第二天，院办程幺娥主任告诉我说，萧先生已经托程静宇老师带了500元钱来了。原来，头一天与我通话后，程静宇老师去他家小坐，他急切地托程老师办了。

萧老师一生关心百姓疾苦，一辈子为人民呼号。记得约30年前，他曾在课堂上背诵郭沫若为杜甫草堂题写的对联，"民间疾苦，笔底波澜"云云。

2008年4月，我受国学试验班学生的委托，向老师求墨宝。试验班学生自办了习作刊物《志学》，让我请萧先生题笺，萧老师欣然应允，用繁体竖行题写了几幅，供学生们选用。萧老师对国学后生寄予厚望。自2001年在武汉大学创办国学试验班以来，我时常向老师汇报，请他提意见，他非常支持，提了不少建议，尤其赞赏我等让国学试验班学生直接读经子史集的基础文献的做法，一再肯定国学班、中西比较哲学试验班抓原著经典导读的经验。

2008年9月11日，在四川师范大学"经学与中国哲学"国际学术研讨会上，我向与会学者报告了萧老师的状况，那是因为来自海内外的学者都关心他，问候他。我在大会报告论文之前，代表他的家属与武汉大学的同人感谢各位对先生的关爱。我在会下也向他的老朋友钟肇鹏、蒙默、贾顺先等先生报告了老师的病况。我在会上还讲了这样几句话：萧先生时刻不忘四川，他对四川的前辈学者，如廖季平、蒙文通、刘咸炘等，如数家珍。萧先生对我们的身教与言教，令我们最为感动的，一是他的"人格美"，二是他的"博通"。萧老师有自由开放的心灵，堂庑甚广，通观儒释道，涵化印中西，打通文史哲，甚至通晓诗词歌赋，棋琴书画。他是明清哲学的专家，但明清之际启蒙思潮只是他的一个论域，不是他的全部。他用心血开辟了不同的学术方向与领域，培养了不少的后生。

没有老师就没有武汉大学的中国哲学学科，也没有我。老师对我恩重如山！老师走了！我的心情无比沉重，真想不到从此将天人永隔！回想起老师言传身教的一点一滴，不觉泪下沾襟。老师的精神与事业永在！光大老师的精神与事业，是我毕生的使命。老师的知遇之恩，永志难忘！

齐勇于萧老师辞世的当夜

附录：萧萐父论著

[1] 王夫之著作选注小组.王夫之著作选注[M].武汉：湖北人民出版社，1975.（萧萐父是参与者之一）

[2] 萧萐父，李锦全.中国哲学史（上下卷）[M].北京：人民出版社，1982，1983.

[3] 萧萐父.王夫之辩证法思想引论[M].武汉：湖北人民出版社，1984.

[4] 陈修斋，萧萐父.哲学史方法论研究[M].武汉：武汉大学出版社，1984.

[5] 萧萐父，李德永.中国辩证法史稿（第一卷）[M].武汉：武汉大学出版社，1990.

[6] 萧萐父.玄圃论学集：熊十力生平与学术[M].北京：生活·读书·新知三联书店，1990.

[7] 萧萐父.吹沙集[M].成都：巴蜀书社，1991.（2007年再版）

[8] 萧萐父,罗炽.众妙之门——道教文化之谜探微[M].长沙:湖南教育出版社,1991.

[9] 萧萐父.船山哲学引论[M].南昌:江西人民出版社,1993.

[10] 赜藏.古尊宿语录(上下册)[M].萧萐父,吕有祥,蔡兆华等,点校,北京:中华书局,1994.(后有新版)

[11] 萧萐父,许苏民.明清启蒙学术流变[M].沈阳:辽宁教育出版社,1995;北京:人民出版社,2013.

[12] 萧萐父,黄钊."东山法门"与禅宗[M].武汉:武汉出版社,1996.

[13] 萧萐父,释译.大乘起信论[M].高雄:佛光出版社,1996.

[14] 萧萐父.中国哲学史史料源流举要[M].武汉:武汉大学出版社,1998;北京:文津出版社,2017.

[15] 萧萐父.吹沙纪程[M].上海:上海文艺出版社,1998.

[16] 萧萐父.吹沙二集[M].成都:巴蜀书社,1999(2007年再版)

[17] 萧萐父,李锦全.中国哲学史纲要[M].北京:外文出版社,1999.(英文版于2007年出版)

[18] 萧萐父,吴根友.传统价值:鲲化鹏飞[M].武汉:武汉出版社,2001.

[19] 熊十力.熊十力全集(九卷十册)[M].萧萐父,主编,郭齐勇,副主编.武汉:湖北教育出版社,2001.

[20] 萧萐父,许苏民.王夫之评传[M].南京:南京大学出版社,2002.

[21] 萧萐父.吹沙三集[M].成都:巴蜀书社,2007.

[22] 萧萐父.萧萐父文选(上册:思史纵横)[M].武汉:武汉大学出版社,2007.

[23] 萧萐父.萧萐父文选(下册:呼唤启蒙)[M].武汉:武汉大学出版社,2007.

[24] 萧萐父.火凤凰吟:萧萐父诗词习作选[M].武汉:武汉大学出版社,2007.

[25] 萧萐父.苔枝缀玉:萧萐父书画习作选[M].武汉:武汉大学出版社,2007.

[26] 萧萐父.中华慧命续千年[M].北京:北京出版社,2018.